회사 살리는 마케팅

회사 살리는 마케팅

1판 1쇄 인쇄 2018년 9월 5일
1판 1쇄 발행 2018년 9월 10일

지은이 김새암, 김미예
펴낸이 이윤규

펴낸곳 유아이북스
출판등록 2012년 4월 2일
주소 서울시 용산구 효창원로 64길 6
전화 (02) 704-2521
팩스 (02) 715-3536
이메일 uibooks@uibooks.co.kr

ISBN 979-11-6322-005-3 03320
값 13,800원

• 이 도서의 국립중앙도서관 출판예정도서목록(CIP)은 서지정보유통지원시스템 홈페이지
  (http://seoji.nl.go.kr)와 국가자료공동목록시스템(http://www.nl.go.kr/kolisnet)에서
  이용하실 수 있습니다.(CIP제어번호: CIP2018022929)

평범한 이들이
놀라운 성과를 내는 비법

회사 살리는
마케팅

김새암·김미예 지음

유아이북스
For The Ultimate Information

회사가 마케팅을 못하는 이유는 뭘까?

정보가 부족해서? 세상에는 수많은 마케팅 책과 논문, 이론, 성공 및 실패 사례 등이 있다. 정보가 부족해서 못할 이유는 없다.

인재가 없어서? 마음만 먹는다면 높은 연봉을 제시하며 뛰어난 인재를 데려오는 건 어려운 일이 아니다. 인재를 탓할 상황은 아니라는 말이다.

마케팅 비용이 부족해서? 그나마 마케팅을 못하는 이유에 가깝다고 할 수 있으나, 마케팅 비용 없이도 마케팅을 잘하는 회사들을 보면 이 또한 적합한 이유는 아니다.

그렇다면 과연 무슨 이유일까?

당신 회사의 마케팅에 대해 한번 생각해 보자.

마케팅은 스스로 살아 숨쉬는 존재인가?

마케팅은 스스로 결정하고 움직일 수 있는 존재가 아니다. 바로 회사 내 조직에 의해서만 결정되고 움직여질 수 있다.

즉, **마케팅과 조직을 묶어서 생각하지 않고 마케팅만 분리해서 생각하는 사고방식 때문에 문제가 해결되지 못하는 것이다. 마케팅은 조직과 떼려야 뗄 수 없는 관계다.**

심리학자 아들러는 얘기했다. "모든 대답은 우리가 인류에 속해 있다는 사실, 인간은 이 지구에 살고 있는 동물이라는 사실에 의해서 규정되지 않으면 안 된다"고 말이다. 마케팅도 마찬가지다. "마케팅에 대한 모든 대답은 마케팅이 조직에 속해 있다는 사실, 마케팅은 조직 안에 살고 있다는 사실에 의해서 규정되지 않으면 안 된다"고 할 수 있겠다.

모든 문제와 대답은 마케팅이 조직에 속해 있다는 사실에 의해 규정되어야 한다. 이 사실을 무시할 때, 마케팅은 계속 지금 자리에서 맴돌 것이다.

따라서, 이 책은 **마케팅과 조직을 함께 고려해 회사를 살릴 수 있는 마케팅 방향을 제시하고자 했다.**

이 책은 두 개의 전제를 갖고 있다.

첫 번째 전제, 이 책은 평범한 마케터의 시각에서 작성되었다. 따라서 본인이 뛰어난 마케터라고 생각하거나 인정받는 사람이라면 이 책이 필요 없다. 그들 시각과는 맞지 않기 때문이다. 그러나 수준이 뛰어난 '경영자'는 얘기가 다르다.

경영학의 구루인 피터 드러커는 '조직의 목적은 평범한 사람들이 대단한 일을 할 수 있도록 돕는 것이다. 뛰어난 사람의 수는 항상 적고 일정하지 않아 그들에게 의존할 수 있는 조직은 없기 때문이다'라고 얘기했다. 즉, 당신이 뛰어난 경영자라면 더더욱 이 책에 나온 문제점들을 고민해 봐야 한다. 평범한 마케터가 겪게 되는 문제를 접해 본다면, 자신 회사의 문제점을 한층 더 쉽게 이해할 것이기 때문이다.

두 번째 전제로 이 책에서는 회사가 갖고 있는 문제점에 대해 나름의 대안을 제시하였다. 그러나 그것은 글쓴이가 제안하는 대안일 뿐 정답이라고 할 수 없다. 회사도 사람과 같이 특성과 처한 환경이 저마다 다르기 때문에 해결책을 찾아가는 방법도 제각각일 수밖에 없다.

　자유론의 저자이자 경제학자인 존 스튜어트 밀John Stuart Mill은 어떤 문제에 대해 정확한 진리를 얻는 방법은 여러 가지 다른 의견을 가진 모든 사람들의 의견을 듣고 그 사람들의 시각에서 문제를 따져 보는 것이라고 했다.

　이 책이 당신과 당신 회사의 마케팅에 소중한 한 가지 의견이 됐으면 한다.

목차 CONTENTS

"마케팅은 고객과 가치를 주고받는 일이다. 이렇게 중요한

일을 마케팅 부서 혼자 감당할 수 있을까? 아니다.

마케팅은 기업 구성원 모두가 함께해야 하는 일이다."

01

세계 최고이지만
알 수 없는 우유의 탄생

•

수많은 장점을 다 강조하는 건
장점이 없다고 얘기하는 것과 똑같다.

오늘은 NPD[1] 보고가 있는 날이다. 평범한 과장은 극히 평범한 수준의 마케터지만 마케터 인생에서 제대로 된 제품 하나는 꼭 출시하고 싶다는 포부를 갖고 있다. 그 꿈을 안고 2년 전 '꿈꾸는 식품' 마케팅팀으로 이직하게 되었다.

꿈꾸는 식품은 15년차 중소기업으로 B2B[2]를 주력으로 하고 있다. 4년 전 '꿈꾸는 커피'를 성공시키며 B2C[3] 시장으로 진입했으나 이후 특별한 히트상품 없이 단순히 경쟁

---

1) NPD(New Product Development): 신제품 개발
2) B2B(Business to Business): 기업과 기업과의 거래
3) B2C(Business to Consumer): 기업과 소비자 간의 거래

사의 미투 브랜드[4]를 출시하는 전략으로 근근이 버텨 나가고 있다.

보고 전 자료를 들여다보고 있던 평 과장은 사장의 큰 목소리에 깜짝 놀랐다.

"지금 회사에서 저온살균 우유 밀고 있는 거 몰라? 그런데 매출이 왜 이래! 마케팅팀하고 계획 짜서 다음 주까지 꼭 보고해. 저온살균 우유 목표대로 매출 못 맞추면 알아서 해."

오늘 오전에 진행하려고 했던 지난 달 매출 보고 일정이 사장의 외부 미팅으로 인해 오후에 있는 NPD 보고 전으로 배정되었다. 보고를 하던 영업팀 강돌격 팀장은 사장의 호통에 난처한 표정을 지었지만, 꼭 매출을 회복하겠다고 대답했다. 최근 회사의 매출 부진이 사장의 심기를 건드린 모양이었다.

평 과장은 자신의 차례 바로 앞에서, 갑자기 험악한 분위기가 된 게 너무나도 싫었지만 어쩔 수 없었다. 자리에

---

4) 미투 브랜드(me too brand): 시장에서 1위를 달리고 있는 경쟁 상품의 독주를 막을 뿐만 아니라, 그 인기에 편승해 자사 제품의 판매율을 높이기 위한 전략이다. 유사 브랜드라고도 하며, 보다 노골적으로 표현할 때는 '베낀 브랜드'라고도 한다. 《시사상식사전》, 박문각)

서 일어나 준비한 프레젠테이션 파일을 열고 보고를 시작
했다.

현재 출시 계획 중인 'B Milk'입니다. B Milk는 Beauty Milk, 즉
뷰티 밀크를 브랜드화한 것입니다. 전에 보고드린 사항들 중
주요 사항들을 다시 간략하게 보고드리겠습니다. B Milk는 '우
유 빛깔 피부는 우유로'라는 슬로건으로 우유를 통해 피부 관
리에 도움을 주겠다는 취지의 제품입니다.

현재 뷰티 시장은 기존 여성 중심 시장에서 '그루밍족'이라
불리는 남성 시장도 생길 만큼 지속적으로 확대되고 있습니
다. 이에 뷰티를 겨냥한 제품의 시장성은 충분히 확보 가능
하다고 판단됩니다.

제품은 우유를 기본으로, 피부에 좋다고 알려진 과일, 채소
들을 첨가하는 방식입니다. 자체 조사 결과, 시장성이 있다
고 판단되는 피부 트러블 상황 세 가지는 '첫째 피부 건조, 둘
째 피부 탄력, 셋째 다크서클'입니다. 이를 해결해 주는 솔루
션으로 건조한 피부에 좋은 아보카도, 피부 탄력을 올려주
는 빨간 파프리카, 다크서클에 좋다고 알려진 브로콜리를 첨

가해 제품을 출시하려고 합니다. SKU[5]는 총 6개로, 제품별 180ml, 750ml로 각 2개씩 운영 예정입니다. 운영 품목은 시장성을 봐가며 늘려 나갈 예정입니다. 그리고 1차 보고 후에 FGI[6]와 시음 테스트도 진행했습니다.

FGI와 시음 테스트에서도 전반적으로 높은 만족도를 보였습니다. 특히, 아보카도를 적용한 우유의 반응이 좋았으며 브로콜리, 파프리카 순이었습니다. 이에 파프리카를 적용한 우유의 배합비는 다시 조정하기로 했습니다. 메인 타깃 고객인 20대 초·중반 여대생을 대상으로 진행됐고, 전반적인 만족도와 구매 의사 모두 상당히 높았습니다. 우유 선택 시, 미용에 도움이 된다면 해당 우유로 구매하겠다는 의견이 대부분이어서, 뷰티 우유라는 신규 시장 창출을 할 수 있을 것입니다.

한참을 듣던 사장이 말문을 열었다.

"그래, 그래. 좋아. 그런데 저 브로콜리는 우유와 안 맞

---

5) SKU(Stock Keeping Unit): 제품 관리를 위한 최소 구분 단위
6) FGI(Focus Group Interview): 초점집단면접법이라고도 한다. 표적시장으로 예상되는 소비자를 일정한 자격기준에 따라 6~12명 정도 선발하여 한 장소에 모이게 한 후 면접자의 진행 아래 조사목적과 관련된 토론을 함으로써 자료를 수집하는 마케팅조사 기법이다. 《두산백과》 참조)

는 거 같아."

"사장님, 브로콜리는 지난번 사장님이 넣자고 제안해 주셔서 반영했습니다. 그리고 브로콜리는 대표적으로 다크서클에 좋다고 알려진 채소이기 때문에, 구성으로 넣을 필요가 있다고 생각합니다."

"아니야, 다시 생각해 보니 아닌 것 같아. 이 소장 당신 생각은 어때?"

"예, 저도 사장님과 같은 의견입니다. 저도 다시 한 번 검토해 보라고 했는데, 그대로 했네요."

"그래, 저건 얼른 다른 걸로 바꿔."

"아…. 네…."

연구소장은 사장의 말이라면 그대로 따라 하는 인간 복사기 수준의 인물이지만 회사의 실질적 2인자로 사내 영향력은 엄청났다. 그러나 엄청난 영향력과는 별개로, 평과장은 화가 머리 끝까지 났다. 연구소장한테 보고할 때도 분명 다 설명했고 자신은 브로콜리가 제일 마음에 든다고 얘기한걸 똑똑히 기억하기 때문이다. 그러나 화를 낼 수도 없기에 감정을 다 잡으며 다시 발표를 이어갔다.

연구소장이 갑자기 말을 꺼냈다.

"사장님, 저기에 아까 밀어야 된다고 강조하신 저온살균 우유를 넣는 건 어떨까요?"

"그래, 그래. 그거 괜찮겠군. '저온살균 B Milk'. 저온살균 우유의 매출 경로를 또 하나 확보할 수 있겠어."

당황한 평 과장은 컨셉이 흔들리는 위기라 빠르게 대답했다.

"그게…. 나쁘진 않지만, 컨셉을 뷰티로 잡았기 때문에 '저온살균'을 추가하면 저온살균 우유의 추가 제품으로 보일 수 있어서, '뷰티'라는 컨셉이 상당히 약화될 것 같습니다. FGI 반응도 뷰티라는 컨셉에 초점을 맞췄기 때문에 좋은 반응을 얻었다고 생각합니다. 따라서 뷰티 컨셉이 먼저 자리 잡은 후에 프리미엄급의 제품으로 저온살균 공법을 추가하여 출시하는 게 더 좋다고 생각합니다. 그리고 시음 테스트도 이미 마친 상황이라 현재 반영은 무리가 있을 거 같습니다."

사장은 답답하다는 듯이 소리쳤다.

"아니, 자네 무슨 소리 하는 거야? 미용에 좋고 거기에 또 좋다고 알려진 '저온살균'까지 추가하면 더 많은 고객들이 선택하겠지. B Milk 론칭과 동시에 저온살균도 같이 알리면, 저온살균 제품도 같이 판매가 올라갈 거고, 이런 게 바로 시너지 아닌가? 저온살균에 미용 기능까지 갖춘 우유, 얼마나 좋아."

마케팅팀 팀장인 김아쉽 팀장이 재빨리 일어나 얘기를 덧붙였다.

"사장님. 그러면 저온살균은 적용하되, 제품명에서는 빼고 제품의 추가 설명에 넣는 건 어떠실런지요? 저온살균은 실제로 사용하니, 저온살균 우유의 추가 매출 경로가 된다는 사실은 변함없고, 제품은 뷰티 컨셉이니, 지금과 같이 'B Milk'만 더 부각하면 좋을 듯합니다. 만약 '저온살균'을 제품명에 넣으면, 평 과장 얘기와 같이 저온살균 우유에 추가 제품이 하나 더 나온 것처럼 보일 듯해 매출에는 큰 기여를 못할 것 같습니다."

"김 팀장. 자네가 그렇게 하니까 지금 마케팅팀에 발전이 없는 거야. 좋은 기술을 더 사용했는데 왜 그걸 안 알려. 제품 표기도 크게 하고, 광고에도 넣고 알릴 수 있는 대로 다 알려야지."

사장은 더 이상 얘기할 가치도 없다는 듯이 손사래를
쳤다.

그쯤 되니 회의 결과가 어떻게 될지 평 과장 눈에는 뻔
히 보이기 시작했다. 옆에서 연구소장은 얄밉게 한마디를
덧붙였다.

"배합비는 최대한 빨리 다시 짜라고 할 테니까, 얼른 다
른 일정들을 조정할 생각부터 하라고."

사장은 고개를 끄덕이며 대화를 이어갔다.

"그래. 저온살균 우유로 잘해 보라고. 그리고 패키지 디
자인 봐봐."

"네, 여기 1차 가안입니다. 각 채소들의 이미지를 부각
시키고 피부에 어떤 효과가 있는지를 시각적으로 담았습
니다. FGI에서도 좋은 반응을 거뒀습니다."

"그래? 음…, 어디 보자. 이거 누가 디자인했어? 디자인
팀장 자리에 없어?"

마케팅 팀장인 김아쉽 팀장이 대답했다.

"사장님, 디자인 팀장은 오늘 오전부터 도저히 변경할 수 없는 디자인 감리[7] 스케줄이 있어 참석 못한다고 아까 보고드렸습니다."

"아, 맞다. 디자인 팀장 돌아오면 바로 내 방으로 오라고 하고, 이거 디자인 당장 다시 하라고 해! 우리 꿈꾸는 커피 있잖아, 그 디자인 컨셉을 따라가라고. 왜 그 성공작을 두고 엄한 디자인을 하고 있어. 평 과장, 내가 그 제품 디자인에 얼마나 많이 투자했는지 알아? TV에 나오는 디자이너 불러다가 디자인시킨 거라고. 당장 디자인 수정해."

'아, 그 4년 전 디자인을…. 산으로 가는구나.'

"그래, 소비자가, 출고가, 마진은 저 정도면 될 거 같고."

"사장님. 지금 말씀하신 저온살균을 베이스로 하면 원가는 더 올라갈 것으로 예상됩니다. 이에 따라 소비자가를 올리면 소비자들의 가격 저항이 있을 것 같습니다."

평 과장은 안 될 거라고 생각했지만 저온살균 우유의 적용을 막아보고자 작은 반항을 시도했다. 여태껏 봐왔

---

7) 디자인 감리: 새로 나오는 디자인이 원래 의도한 디자인(색감 등)대로 나왔는지 확인하는 작업

던 사장님의 특성상 제품과 광고에다 제품 장점을 있는 대로 다 적을 것이고, 결과적으로 어떻게 차별화된 제품인지는 얘기도 못 하고 그냥 좋은 말만 다 적혀 있는, '세계 최고 수준의 알 수 없는 우유'만 또 탄생할 것이 뻔했기 때문이다.

"평 과장, 무슨 답답한 소리를 하고 있어. 더 좋은 제품인데 당연히 가격 올려야지. 그렇게 자신이 없어서 무슨 일을 해."

"예…. 알겠습니다."

평 과장은 괜한 짓을 했다고 생각했다.

"그래. 일단 그 정도로 하고, 그럼 출시는 언제로 잡혀 있나?"

"지금 7월 중순으로 잡아놨습니다."

"그래. 빨리 준비해서 진짜 히트상품 하나 만들어 보라고."

회의를 마친 평 과장의 심정은 답답했다. 이런 상황을 전혀 예상하지 않은 것은 아니지만 제품이 생각보다 더 다른 방향으로 간 것이다. '저온살균' 컨셉이 강조되면 '뷰티' 컨셉이 약해질 것이 뻔하고, 결국 이도 저도 아닌 제품이 될 확률이 높아졌다. 거기에 디자인까지 4년 전 컨셉으로 가다니, 막막하기만 했다. 새로운 원료도 찾아야 하고, 이미 리서치 비용은 소비자 조사에 다 썼으니 소비자가 아닌 사내 직원들 대상으로 간이 테스트라도 진행해야 할 테고… 하나하나 다시 시작할 생각을 하니, 머릿속이 복잡해졌다.

회사 살리는 마케팅 1

문제점 결정이 수시로 바뀐다

"결정은 바뀌라고 있는 거야."

이 말은 글쓴이가 회사에서 들었던 황당한 말들 중 하나이다. 잦은 결정 번복이 어떤 결과를 가져오는지에 대한 고민이 없었기 때문에 나온 말이리라.

글 속의 마케팅팀은 수시로 바뀌는 결정에 어떤 문제를 겪을까?

가장 중요한 신제품 컨셉이 바뀌며 방향성이 달라졌다. 간단히 '다시 준비하면 된다'라고 얘기할 수 있다. 그러나 모두 다 사람이 하는 일 아닌가? 한 방향을 보고 달려오다 갑자기 방향이 바뀌면 기운이 빠질 수밖에 없다. 지시한 신제품은 나올 수 있겠지만 담당 직원의 열정이 담긴 신제품을 보기는 힘들 수 있다. 이러한 차이는 제품에 담길 것이고, 신제품의 성공 확률은 더 떨어질 것이다.

컨셉과 주원료가 바뀌면서 고객의 생각과 반응을 정리한 리서치 자료 활용도도 떨어졌다. 리서치 자료는 마케팅팀이 신제품을 진행함에 있어 큰 무기로 활용될 수 있다. 비록 FGI 와 같이 적은 수의 소비자 리서치일지라도 회사 내부 사람이 아닌 잠재 소비자의 반응을 리서치 회사의 전문가들과 함께 조사한 자료는 회사 내부와 홍보 자료 등에서 효율적으로 쓰일 수 있다.

그런데 이런 소중한 '객관적인 자료'의 가치가 떨어진 것이다. 신제품에 대한 소비자 예상 반응을 설명할 때, '그건 니생각이지'라는 공격이 나올 수 있다. 그럴 때, 소비자 조사는 효과를 발휘한다. 바로 그 효율적 수단이 사라진 것이다. (일반적인 회사에서는 소비자의 반응보다는 사장님의 지시 사항이 더 강력한 위력을 가지지만 그 지시 사항이 명확하지 않은 경우도 있다.) 물론, 리서치 자료가 없다고 업무 진행을 못하는 것은 아니지만, 비용과 시간을 들인 객관적인 자료를 활용 못하는 것은 안타까운 일이다.

해결책 일관성의 중요성을 간과하지 마라

결정을 내리기 전에는 신중하되, 결정을 내린 후에는 일관성을 가져야 브랜드는 한 방향으로 모든 에너지를 집중할 수 있다.

그러나 사람은 신이 아니다. 특히 위로 올라갈수록 내려야 하는 결정의 수가 늘어난다. 따라서 잘못된 결정을 내릴 확률도 높아진다.

결정은 바꿀 수 있다. 하지만 결정을 바꿀 때는 바꾼 이유와 바뀐 결정을 실행할 수 있는 충분한 시간을 줘라.

아무리 부하 직원이라도 상대방은 사람이다. 왜 이렇게 할 수밖에 없는지를 설명하고 그동안의 노력에 대해 인정해 주고, 충분한 시간을 준다면 바뀐 결정을 받아들이기가 훨씬 쉬울 것이다.

회사 살리는 마케팅 2

문제점 **제품이 갖고 있는 모든 장점을 다 강조하려 한다**

제품의 모든 장점을 보여주려는 상황은 글 속 마케팅팀에 어떤 문제를 일으켰을까?

확실한 차별화 컨셉을 잃게 만들었다. '1+1=2'이듯, 좋은 속성들이 다 합쳐지면 정말 좋은 무엇인가가 나와야 한다. 그러나 마케팅에서는 좋은 속성들이 다 합쳐지면 그 합이 '0'이 되기도 한다. '저온살균', '뷰티 밀크' 모두 좋은 속성임에는 틀림없으나, 그들이 합쳐진다면 그냥 저온살균 우유의 한 가지 확장 제품이 되는 것이다. 결국 '뷰티 우유'라는 시장은 제대로 개척도 못한 채 묻혀버릴 수 있다.

해결책 수많은 장점을 다 강조하는 건 장점이 없다고 얘기하는 것과 똑같다

얼반 럭셔리 컴포트 세이프티 다이내믹 드라이빙 카!
어느 순간에도 당신과 가족의 안전이 최우선인 차!

당신이 위의 슬로건이 적용된 각각의 광고를 본다고 가정해 보자. 어떤 슬로건이 제품의 장점을 더 잘 전달할 수 있을 거라고 생각하는가?

첫 번째를 한 번 보자.

'얼반(Urban, 도시적인 스타일) 럭셔리(Luxury, 명품의 품격을 가진) 컴포트(Comfort, 편안하고) 세이프티(Safety, 안전한) 다이내믹 드라이빙(Dynamic driving, 역동적인 주행 능력을 갖

고 있는) 카' 말이다. 외래어가 많아 어려워 보인다고? 그렇
다면 풀어 써 보자.

'도시적인 스타일을 갖고 있으면서도 명품의 품격을 보여
주며, 동시에 편안하고 안전하면서 역동적인 주행 능력을
갖고 있는 차.'

제품이 실제로 위의 모든 장점을 다 갖고 있다고 해도
이걸 다 얘기하는 순간, 사람들에게는 1+1=2의 효과가 아
니라 1+1=0의 효과를 나타낸다. '도대체 이 차는 무슨 차
야?'라는 생각을 불러 일으킬 것이다.

두 번째를 보자. '어느 순간에도 당신과 가족의 안전이
최우선인 차!' 실제 성능에 대한 검증은 둘째로 친다고 해
도, '안전'하다는 성능을 강조한 차라는 건 확실히 눈에
들어온다.

장점을 100개 가졌다고 해도 모든 장점을 다 강조하는
건 장점을 0개로 만드는 것과 똑같다. 물론 이 100개의 장
점은 부가 설명으로 다 기술할 수 있다. 굳이 얘기할 수 있
는 장점을 없앨 필요는 없다. **핵심은 '강조'다. 핵심 내용
한 가지만 강조하라.** 그래야 바쁜 고객들의 머릿속에 노크
라도 할 수 있을 것이다.

《마케팅 불변의 법칙》의 저자인 잭 트라우트와 알 리스는 "마케팅에서 가장 강력한 개념은 소비자의 기억 속에 하나의 단어를 심고 그것을 소유하는 것이다"라고 얘기했다.

대부분의 독자들은 아래 질문에 바로 떠올릴 수 있는 브랜드가 있을 것이다.

'피로회복' 음료는?

'안전'하면 떠오르는 차는?

'날개 없는' 선풍기는?

이들은 현재 시장에서 어떤 상황인가? '박카스'는 레드불, 비타 500의 출시로 시장에서 사라졌는가? '볼보'는 더 이상 안전한 차가 아닌가? '다이슨' 선풍기는 비싼 가격에도 불구하고 선풍기 시장에서 새로운 트렌드로 자리 잡았다.

이것은 브랜드가 하나의 '단어' 또는 '컨셉'을 소유한 결과다.

롤스로이스의 장점이 1개?

시속 60마일로 달리는 롤스로이스에서 가장 큰 소음은 전자시계 소리입니다.(At sixty miles an hour, the loudest noise comes from the electric clock.)

광고계의 유명 인사인 데이비드 오길비가 롤스로이스를 광고할 때 사용한 문구이다. 설마 롤스로이스급의 차가 강조할 게 하나밖에 없었을까? 그럼에도 불구하고 오길비는 **하나의 메시지만을 강조하여 확실한 롤스로이스 만의 장점을 보여줬다.** 해당 광고가 있은 후, 다음 해 경쟁사인 포드 자동차는 롤스로이스보다 더 조용하다는 캠페인을 위해 수억 달러를 사용했다고 한다.

추측건대, 포드 자체 조사 결과 포드가 소음이 더 적게 나왔을 것이다. 그걸 발견한 포드의 직원들은 이게 '사실'이라며, 우리가 롤스로이스보다 더 조용하다는 사실을 세상에 열심히 알리자고 했을 것이다. **그러나 한 번 만들어진 '인식'을 바꾸기란 정말 쉽지 않은 일이다.**

02

왜 우리에겐
새로운 아이디어가
없을까

.

단, 30분만이라도 브랜드 담당자와
허심탄회하게 이야기해 보라.

식자재 공급에서 시작해 B2C 시장까지 발을 넓힌 '꿈꾸는 식품'. 그 사업을 아버지로부터 물려받은 사장은 꿈꾸는 식품을 B2C 시장에서 키우려는 계획을 갖고 있었다. 그러나 계획과 다르게, 아버지 때 출시한 '꿈꾸는 커피' 이후에는 이렇다 할 만한 히트작이 없어 많은 고민에 빠져 있는 중이다. 내부에 인재가 없는 것이 문제라고 판단한 사장은 외부에서 계속 인재를 찾는 동시에, 현재 꿈꾸는 식품의 광고회사이자, 국내 1위 광고회사인 '혁신기획' 대표와의 만남을 즐겼다. 그리고 오늘 오전 회의가 끝나갈 무렵, 어제 혁신기획 대표와 있었던 얘기를 시작했다.

"어제 내가 혁신기획 대표랑 같이 식사를 했거든. 그 자리에 브랜드 전략 컨설팅하는 팀장도 같이 나왔더라고. 근데 이 친구가 실력도 좋고 감각도 있어. 그래서 우리 회사 브랜드 전략을 물어봤는데 아주 명확해. 역시 전문가는 전문가야. 난 도대체 우리 회사에서 일하고 있는 자네들이 무슨 생각을 하는지 잘 모르겠어. 마케팅팀에서 이런 역할을 해줘야 되는 거 아닌가? 그리고 담당들이 자신이 맡은 브랜드의 방향성을 제시해야지. 김아쉽 팀장. 지금 회사가 위기라는 생각이 안 드나?"

"예…. 그렇습니다."

"도대체 전략도 없고 말이야. 그래서 내가 혁신기획에 요청해서 2주 후부터 컨설팅 받기로 했으니까 오늘부터 자료 정리해서 최대한 빨리 넘겨!"

2주 전, 사장의 단호한 명령이 있었고 그 명령에 따라 오늘부터 혁신기획의 컨설팅을 받게 됐다.

"안녕하세요? 혁신기획 예리해 팀장입니다. 처음 뵙겠습니다."

"네, 안녕하세요. 평범한 과장입니다. 잘 부탁드립니다."

"네, 과장님. 시간 없으실 테니 빨리 시작할게요. 먼저 지금 맡고 계신 '꿈속의 우유'는 가공유 카테고리에 속하고, 딸기, 초코, 바나나맛으로 구성돼 있죠? 현재 점유율은 4위구요. 경쟁 상황을 조금 더 자세히 얘기해 주실 수 있을까요?"

"예. 아시다시피 1위는 '힘찬 우유'구요. 2위는 '맘스 우유', 3위는 '즐거운 우유', 그 다음이 저희입니다. 1위인 힘찬 우유야 뭐, 가장 먼저 가공유 사업을 시작하면서 줄곧 1위를 유지하고 있고요. 나머지 브랜드들은 큰 차별화는 없고 백색 우유 순위를 거의 그대로 따라가고 있어요."

"자료에서 꿈속의 우유는 블라인드 테스트 1위라고 하셨는데, 맛에 있어서는 확실한 강점을 갖고 계신가 봐요."

"예. 그런데 오로지 품질에 의해서만 제품을 고른다면 브랜드나 패키지 디자인은 있을 필요도 없겠죠. 블라인드 테스트 1위라도 현재 시장 점유율이 3년째 4위인 건 변함 없으니까요. 안 그래도 작년 말에 리뉴얼 계획 보고를 했는데 말을 꺼낸 지 3분 만에 지금 하는 거나 잘하라는 핀잔만 들었네요."

"어떤 건데요?"

"느린 우유요."

"느린 우유요?"

"네, 팀장님. 혹시 하인즈 케첩의 포지셔닝이 뭔지 기억나세요?"

"하인즈 케첩이면, 가장 느린 케첩을 얘기하시는 건가요?"

"네, 케첩이 느리다는 건 그만큼 끈적함이 높다는 거고, 그건 곧 케첩의 농도가 높다는 거죠. 높은 농도는 바로 높은 원재료 함량으로 이해될 수 있고요. 저도 그걸 꿈속의 우유에 적용하고 싶었어요. 현재 명확한 포지셔닝이 없는 상황이니까 '느린 우유'라는 포지셔닝을 잡고 '코코아, 바나나가 진하게 많이 들어가 있다. 즉, 원재료 함량이 높다'로 커뮤니케이션하고 싶었거든요."

"아, 괜찮은 것 같은데요?"

"시도해 볼 만한 가치는 있는 것 같아요. 3위는 물론 충분히 2위도 위협할 만하다고 생각해요."

"경쟁사와 겹치는 것도 없고, 느리다는 속성이 음식에서는 슬로푸드(slow food) 사례처럼 좋게 작용할 수도 있고, 괜찮네요! 제가 이걸로 한 번 발전시켜서, 보고 때 활용할게요."

"한 소리 들은 거라 결과가 어떨지는 모르지만 그래 주시면 감사하죠. 잘 부탁드려요."

4주 후, 컨설팅 보고 시간이 되었고, 꿈속의 우유 차례가 되었다.

"네. 다음은 꿈속의 우유 전략에 대해 말씀드리겠습니다. 꿈속의 우유는 현재 3년 동안 시장 점유율 4위로 리뉴얼이 필요한 상황입니다. 리뉴얼 컨셉은 담당인 평 과장이 제안한 느린 우유입니다."

예리해 팀장은 하인즈 케첩 예시를 들어, 느린 우유 컨셉을 설명하면서 발표를 이어갔다. 발표가 끝난 후, 사장은 질문했다.

"그런데 예 팀장, 우리 꿈속의 우유가 블라인드 테스트

1위를 한 건 알고 있죠? 우리는 그만큼 품질에 자신이 있어요. 시간이 지나면 소비자들이 우리 제품의 가치를 알고 1위로 올라갈 수 있을 텐데, 굳이 특정 소비자들에게만 어필할 수 있는 그런 선택을 해야 되나요?"

"예, 사장님. 예전에 코카콜라는 블라인드 테스트 결과를 바탕으로 기존의 코카콜라보다 더 맛있다는 반응을 얻은 뉴 코크로 전환을 시도한 적이 있습니다. 그러나 결과는 대실패였고, 다시 기존 콜라로 돌아갔죠. 그 얘기가 시사하는 바는 소비자들이 제품을 선택할 때는 꼭 품질인 맛뿐만 아니라, 브랜드, 디자인, 애착 등 많은 부분이 관여한다는 거죠. 블라인드 테스트 1위로 3년 동안 계속 커뮤니케이션 했지만 시장 점유율은 항상 4위인 상황이니 변화가 필요하다고 생각합니다."

"알겠어요. 맞는 말이라고 생각되네요. 평 과장, 이게 자네의 아이디어라고?"

"예, 맞습니다. 작년 말, 리뉴얼 전략으로 보고드리기도 했습니다."

"그런데 왜 더 밀어붙이지 않았나?"

"네?"

"이렇게 좋은 아이디어였으면 좀 더 어필했어야지! 그렇게 본인이 하는 일에 열정이 없어서 어떻게 하겠어?"

"죄송합니다. 최대한 빨리 실행하겠습니다."

리뉴얼 보고 시작 3분 만에 이상한 전략 세우지 말고 기존 제품이나 잘 팔 생각하라며 호통치던 그분이 지금 이런 얘기를 하다니. 어쨌든 아이디어가 좋다니, 기뻐해야 할 일이긴 하지만 기분이 썩 좋지만은 않은 상태로 컨설팅 보고는 끝났다.

회사 살리는 마케팅 3

문제점 자신의 조직을 신뢰하지 않는다

자사 직원들은 신뢰하지 않지만 외부 전문가는 상당히 신뢰하는 경영진들이 있다. 이러한 성향이 과연 좋은 결과를 가져올 수 있을까?

하나의 사업(우유 사업 등)을 이해한다는 건 상당히 많은 시간을 필요로 한다. 그리고 그 사업의 전문가라고 해도, 그 사업을 하는 회사에 대해 잘 알려면 적어도 1년은 내부에서 일해야 할 것이다. 사업은 같아도 회사가 처한 상황은 다 다르기 때문이다. 부서의 역량, 부서 간의 관계, 회사의 의사 결정에 미치는 요소 등 이런 사항을 다 파악해야만 제대로 된 제안이 나올 수 있다. **분석만 하는 '외부'의 시각이 아닌 현실적으로 실행까지 가능한 '내부'의 시각에서 말이다.** '적'을 알고 '나'를 알아야 백전백승할 수 있지, 한 쪽만 알아서는 승리할 수 없다.

'사업'도 알고 '회사'도 아는 자신의 조직을 잘 활용하는 게 필요하다.

글 속의 마케팅팀은 신뢰의 부재로 어떤 문제를 겪을까?

혁신적인 제품과 프로모션 제안을 잃을 것이다. 자신이 신뢰받지 못하고 있는데 어떻게 새로운 제안을 하겠는가. 그냥 안정적인 제안만 있을 뿐이다. 기껏해야 외국 신제품들이나 인기 있는 프로모션의 성공 사례를 카피하는 정도가 될 것이 뻔하다. 이렇게 진행하다 '왜 이렇게 새로운 아이디어가 없냐'는 질책이 있으면 그때서야 새로운 아이디어를 겨우겨우 구상할 따름이다. 그러나 담당자가 스스로 신나서 진행하는 프로젝트와 시켜서 하는 프로젝트의 결과물은 굳이 비교하지 않아도 그 완성물의 수준 차이가 난다.

해결책 단 30분만이라도 브랜드 담당자와 허심탄회하게 이야기해 보라

보고를 받으라는 이야기가 아니다. 단 30분만이라도 담당자가 생각하는 브랜드의 문제점과 방향을 듣고 얘기를 나눠보라. 당신의 직원이 생각보다 많은 생각과 전략을 갖고 있음을 알게 될 것이다. 만약, 담당자가 준비되어 있지 않다면 일주일의 시간을 주고 다시 얘기해 보길 바란다. 얘기를 나누고 그 방향성이 회사 전체의 방향성과 맞지 않으면 수정만 해주면 된다. 그리고 다른 관점의 필요성이 느껴진다면 그때 외부 전문가에게 의뢰해 같이 발전시켜 나가도록 한다. 이러한 접근은 훨씬 더 좋은 결과를 가져올 것이다.

그렇다면 마케팅 컨설팅은 별로 필요하지 않다는 말인가?

글 속 규모의 회사라면, 마케팅 컨설팅보다는 내부 직원의 의견을 우선시하고, 필요시에만 외부 컨설팅을 요청하는 게 맞을 것이다. 하지만, 스타트업이나 기술만 갖고 있는 소규모 중소기업의 경우에는 마케팅 컨설팅이 필요하다. 훌륭한 비즈니스 모델이나, 기술을 갖고 있으나 컨셉을 제대로 잡지 못해 빛을 보지 못하는 것만큼 안타까운 사실이 또 어디 있겠는가. 그렇기에 본인이 운영하는 회사나, 속한 회사가 해당 상황이라면, 컨설팅이 유용할 것이다. 만약 비용이 부담이라면, 주변 인맥을 통해서라도 간단한 컨설팅을 받아 볼 필요가 있다.

외부 전문가에 의존하다 더 큰 점유율을 놓친 AT&T

AT&T(미국의 통신회사)는 1980년대 초에 21세기가 시작될 때 얼마나 많은 핸드폰이 사용될지 컨설팅 전문업체인 맥킨지에 물었다. 맥킨지는 모든 문제는 핸드폰에 있다고 했다. 핸드폰은 터무니없이 무겁고, 배터리는 계속 소모될 것이라고 예상했다. 그리고 통화 범위는 제한적일 것이며, 분당 통화 요금은 터무니없을 것이라고 분석했다. 결론적으로 전체 시장은 90만 대가 될 것이라는 조언에 AT&T는 이 시장에서 철수하기로 했다.

그러나 시장은 맥킨지의 예상과 정반대로 움직였다. 21세기가 시작되기 전인 1999년, 3일마다 90만 명의 신규 가입자들이 이동통신 서비스에 가입하고 8개의 나라에서는 인구의 3분의 1 이상이 핸드폰을 갖고 있었다.

2016년 기준 AT&T는 미국 무선 통신 시장 점유율 2위이다. 1980년대부터 이 시장을 준비했다면 어떻게 됐을까?

회사 살리는 마케팅 4

문제점 내 제품이 '더' 좋으면 '언젠가'는 소비자가 알

아줄 것이라 믿는다

더 좋은 제품이 언젠가는 1등이 될 것이라고 믿는 경영진들이 있다. 그렇다면 당신 제품의 품질이 더 뛰어나다면 정말로 언젠가 1등이 될 수 있을까?

해결책 '더 좋은' 제품은 근본적인 해결책이 아니라는 점을 명심하라

생각해 보라. **시장 1위 제품이 수시로 바뀌는가?**

제품 품질에 따라 시장 순위가 바뀐다면, 시장에 나와 있는 기존 제품의 단점을 개선한 제품이 나올 때마다, 제품 순위는 바뀌어야 한다. 현실이 그런가? 당신의 제품이 월등히 높은 수준이 아닌 한, 소비자들은 (한 번 시도는 해 볼 수 있지만) 굳이 선택을 바꿔야 할 필요를 못 느낀다. 그리고 **쉽게 바뀌지 않는 시장 점유율이 그 사실을 입증한다.**

그러니 새로운 카테고리(예를 들어, 느린 우유)를 최초로 만들어 그 영역의 1등이 되어라. 당신이 시장을 매력적으로 만든다면 흥미를 느낀 다른 브랜드가 들어와 시장은 더 커지고

1위인 당신이 먹는 파이의 크기 또한 더욱 커질 것이다.

《마케팅 불변의 법칙》 저자인 잭 트라우트, 알 리스는 다음과 같이 얘기했다.

"이미 시장에서 최초가 되어 있는 어떤 회사보다 당신의 회사가 더 좋은 제품을 갖고 있다고 소비자를 설득하기보다는, 그들의 기억 속에 최초로 들어가는 편이 훨씬 쉽다"고 말이다.

쉬운 길을 놔두고 왜 굳이 힘든 길을 택하는가.

물론 예외는 있다.

당신이 경쟁사보다 광고비를 더 많이, 오래 쓸 수 있다면 그때는 블라인드 테스트에서 1위를 했다는 점을 지속적으로 활용해도 좋다. 물량 앞에 장사 없기 때문이다.

이런 사실도 있었다 ---------------------------------

커피전문점 아이스 아메리카노 맛 1위는?

커피전문점 아이스 아메리카노의 맛 평가 1위는 과연 어디일까? 국민일보에서는 2015년 한국소비자원이 발표한 '커피전문점 소비자 서비스 만족도' 조사에서, 종합 만족도 1~5위를 차지한 커피전문점들의 아이스 아메리카노를 평가하는 블라인드 테스트를 실시했다.

5명의 전문가에게 5개 항목을 주고 평가하게 했고, 그 결과 1위는 바로 카페베네였다. 2위는 엔제리너스, 3위는 이디야, 4위가 바로 스타벅스였다.

현실은 어떤가? 가장 좋은 평가를 받은 카페베네는 2018년 기업회생절차(법정 관리)를 받고 있는 등 경영난에 시달리고 있다.

4위 평가를 받은 스타벅스는 2017년 매출 1조 2000억 원을 돌파하며 당당히 1위를 유지하고 있다.

좋은 품질은 마케팅의 기본이자, 시작이다. 그러나 다시 한 번 묻고 싶다. 시장 점유율은 제품 품질에만 달려 있는가?

03

그래서
매출 어떻게 할 거야?

•

당장의 실적보다는 브랜드 포트폴리오를 생각하라.

혁신기획의 컨설팅이 끝나고 일주일 후, 각 브랜드의 매출과 시장 점유율을 보고하는 3월 마감 보고가 시작되었다. 발표는 순서대로 진행되었고 최근 지속적인 매출 하락으로 이슈가 되고 있는 '꼬꼬마 주스'의 보고 차례가 되었다. 늘 칭찬받으며 어깨에 힘이 잔뜩 들어가 있던 담당 브랜드 매니저인 나매출 차장도 지난달부터는 보고 때마다 긴장한 기색이 역력했다. 나매출 차장은 작년부터 꼬꼬마 주스를 맡아 운영하고 있는 마케터로, 대기업 식품회사에서 이직해 온 지 1년 반이 되었다. 1년간은 열렬한 환영을 받았으며, 그 해의 우수상도 받았다.

그러나 최근에는 보고 때마다 살얼음판을 걷고 있는 상황이다.

'꼬꼬마 주스'는 회사의 메인 브랜드인 꿈꾸는 커피를 론칭한 김아쉽 팀장의 두 번째 브랜드로 3년 전 론칭되었다. 선대 회장이 특별히 아꼈던 김아쉽 팀장은 국내 유기농 농가와 계약을 맺고, 100% 국산 유기농 과일 및 채소 컨셉의 꼬꼬마 주스를 론칭한 것이다. 또한 원료를 생산하는 농장의 체험 캠페인을 통해, 브랜드 신뢰도를 높이겠다는 계획도 있었다.

선대 회장의 아들인 지금 사장은 매출과 영업 이익이 좋지 않을 것이라며 탐탁지 않아 했지만, 유아 시장에서 제대로 된 제품을 출시하겠다는 선대 회장의 바람이 있었기에 제품은 원래 컨셉으로 출시되었다. 출시 6개월간은 계획대로 체험 농장 활동과 함께 신뢰도를 중시하는 운영으로 시작되었다. TV 광고를 할 만한 상황은 아니어서 출시와 동시에 높은 매출을 가져오지는 못했지만 천천히 유아 주스 시장에서 자리잡아가는 게 보였다. 그러다 선대 회장님이 돌아가셨고 3개월 뒤, 지금 사장은 꼬꼬마 주스의 체험 농장 활동을 중지시켰다. 그와 동시에 원가 절감을 위해 외국 원료 수입을 알아보도록 지시했다.

그리고 1년 반 전, 나매출 차장이 팀에 들어오면서 꼬꼬마 주스를 담당하기 시작했다. 농가와의 계약 기간은 종료되었고 수입 원료가 확보되면서, 포장지에는 '국산 원료' 표기가 사라졌다. 당연히 원가는 절감되었고 소비자 가격은 그대로였기 때문에 더 높은 마진을 가져갈 수 있었다. 이 높아진 마진을 활용하여 대대적인 할인 행사를 진행해 매출은 수직 상승했다. 브랜드 매니저인 나매출 차장은 사장 뜻에 따라 매출 증대에 기반한 운영을 시작했다. 6개였던 SKU는 지금 20개로 늘어났고, 체험 농장에 활용되던 캠페인 비용은 할인과 묶음제품 등의 프로모션 비용으로 전이되었다. 매출도, 이익도 다 문제 없을 것만 같았던 꼬꼬마 주스에 위험 신호가 나타난 건 4개월 전이었다.

대기업 경쟁사인 힘찬 우유가 기존에 꼬꼬마 주스가 가져갔던 '100% 국산 유기농' 컨셉을 활용해 TV 광고와 함께 유아용 주스를 론칭했다. 동시에 꼬꼬마 주스의 매출

상승을 지켜보던 각 할인점에서 앞다투어 PB[1] 상품을 출시했다. 결과적으로 브랜드 컨셉에서는 경쟁사의 제품에 밀리고, 가격에서는 PB 상품에 밀려 양쪽에서 치이는 현상이 발생했다.

발표가 시작됐고 나매출 차장은 매출과 시장 점유율을 보고했다. 매출은 4개월 동안 지속적으로 하락했다. 또한 시장 점유율도 눈에 띄게 떨어지기 시작했다. 4개월 전, 매출이 하락할 신호를 보이기 시작했을 때, 영업팀 강돌격 팀장과 나매출 차장은 재빠르게 대응했다. 바로 제품의 매대 진열 강화에 돌입했으며, 프로모션을 실행해 엔드매대[2] 확보에 총력을 기울였다. 또한, 대규모 경품 행사와 파워블로거 운영, 체험단 등을 진행했고 추가적으로 대형 마트별 단독 SKU도 공급하기 시작했다.

그러한 노력에도 불구하고 매출은 조금씩 하락하기 시작했다. 힘찬 우유의 TV 광고와 프로모션 공세에 밀리기

---

1) PB: 'Private Brand'의 약자로, 유통업체에서 직접 만든 자체 브랜드 상품을 뜻하며, 자사 상표, 유통업자 브랜드, 유통업자 주도형 상표라고도 불린다. 제조 설비를 갖추지 않은 유통전문업체가 독자적으로 상품을 기획한 후, 생산만 제조업체에 의뢰하여 판매하는 상품, 또는 유통업체가 제조업체로부터 상품을 저렴하게 받아 유통업체가 자체 개발한 상표를 붙여 판매하는 상품이 해당된다. (《시사경제용어사전》, 기획재정부)
2) 엔드매대: 대형마트의 상품 진열 매대 중, 양쪽 끝 매대로 주목도와 매출이 높은 구역

시작한 것이다. PB 상품의 점유율도 지속적으로 높아지며 꼬꼬마 주스는 점차 설 자리를 잃어갔다. 엎친 데 덮친 격으로 공장에서는 생산성 하락을 이유로 6개 SKU의 생산 중단을 제안한 상황이었다.

모든 지표가 하락하기 시작하면서 당연히 영업 이익도 하락하는 그림을 보이기 시작했다. 사장은 발표를 듣는 동안 구겨진 인상을 펴지 못했다. 결국 발표를 다 듣지도 않고 영업팀 강돌격 팀장을 일으켜 세웠다.

"그래서 매출 어떻게 할 거야?"

"네, 현재 마트별 단독 상품은 성과를 내고 있어 단독 상품 활성화에 포커스를 맞추고 있습니다. 그리고 단독 상품 추가도 마케팅과 함께 검토하고 있습니다."

"단독 상품 마진 별로 안 좋잖아! 그리고 아까 공장장이 SKU 줄여야 한다고 얘기한 거 못 들었어?"

사장의 호통에 강돌격 팀장은 고개를 숙이고 말았다.

"나매출 차장, 그동안 뭐 한 거야?"

"예…. 지금 최대한… 개선 방안을 찾고 있습니다. 그리고 오늘 오후에…."

"김 팀장, 이거 어떻게 할 거야? 대책이 있는 거야?"

사장은 답답한 기색을 보이며 나매출 차장의 말이 끝나기도 전에 대뜸 김아쉽 팀장을 찾았다. 열심히 매출 회복을 위해 노력했던 나매출 차장이었지만 지금은 답이 없는 듯했다.

"예. 현재로서는 강 팀장이 얘기한 것과 같이 마트별 단독 상품에 집중하는 게 가장 좋은 방법으로 보입니다. 꼬꼬마 주스의 마진이 떨어지는 걸 보완하기 위한 원가절감 미팅이 오늘 오후 생산, 연구소, 영업과 함께 잡혀 있어 개선 방향이 나올 것으로 보입니다."

"그럼 이 건은 다음 주 주간회의 끝나고 다시 제대로 보고해!"

폭풍 같던 보고 시간이 지나갔다. 그러나 나매출 차장은 다음 주에 더 큰 폭풍과 마주해야 할 것 같다는 느낌에 구겨진 표정을 피지 못했다.

회사 살리는 마케팅 5

문제점 오로지 매출만 바라보는 브랜드 운영을 한다

눈 앞의 매출에만 연연해 오로지 매출만 강조하는 경우가 많다. 정말 당장의 매출만을 필요로 해 운영하는 브랜드라면, 향후 운영을 고려하지 않고 매출만 압박해도 되지만, 장기적인 운영이 필요하다면 그 얘기가 달라진다.

글 속의 마케팅팀은 매출만 바라보는 브랜드 운영으로 인해 어떤 문제를 겪었을까?

소중한 브랜드 하나(꼬꼬마 주스)를 잃었다. 향후 크게 키울 브랜드로 시작했으나, 매출만 바라보는 운영으로 인해 제대로 브랜드가 자리잡지 못하고 망한 상황이다.

해결책 포지셔닝과 브랜드 포트폴리오를 생각하라

1. 포지셔닝의 중요성 인식

매출에만 집중하다 보면 고객들에게 브랜드를 제대로 포지셔닝(인식)시키는 기회를 놓칠 수 있다.

브랜드가 포지셔닝된다는 것은 어떤 의미일까? 이건 바로 당신의 브랜드가 '어떤 브랜드'인지를 고객들의 머릿속에 심어 준다는 것이다. 내 브랜드를 포지셔닝시켜야 경쟁사가 유사 컨셉의 제품을 출시하더라도, 광고가 중단되어도 (1년 내내 광고를 할 순 없지 않은가?) 고객들의 선택을 최대한 유지시킬 수 있다.

예를 들어, 꼬꼬마 주스가 타깃인 '유아 자녀를 둔 엄마'들에게 '100% 국산 유기농'으로 잘 포지셔닝되었다면, 자녀에게 '안심하고 먹일 수 있는 주스'를 찾을 때 꼬꼬마 주스를 선택할 확률이 훨씬 높아질 것이다. 글 속의 사례에서 꼬꼬마 주스는 매출만 중시되고 포지셔닝의 중요성은 간과되었다. 그 결과로 경쟁 브랜드들에 의해 매출 하락 현상이 발생한 것이다. 이러한 현상을 방지하기 위해 소비자 타깃 대상으로 브랜드가 얼마나 잘 포지셔닝되고 있는지를 지속적이고도 간단한 서베이 리서치로 체크하는 것이 필요하다. 예를 들면, '꼬꼬마 주스 하면 떠오르는 것은?'이라고 물었을 때 '저렴한 가격'이 가장 먼저 떠오른다고 하면 꼬꼬마 주스는 값이 싼 제품으로 포지셔닝되어 있는 것이다. 이렇게 바로 연관되는 '인식'을 꾸준하게 체크해 회사가 원하는 방향(예를 들어, 안전한 원료)으로 인식을 잡아가거나 아니면 전략적으로 기존 인식을 강화해 나갈 수도 있다.

2. 전략적인 브랜드(카테고리) 운영

주식 투자에만 포트폴리오가 필요한 게 아니다. 당신의 브랜드들도 포트폴리오가 필요하다. 회사의 포트폴리오 운영은 잘 알려진 BCG 매트릭스[3]와 같은 포맷을 따라갈 수도 있으나 여기서는 매출과 이익, 전략을 포함한 지표로 운영 방향을 제안한다. 제안하는 운영 방향은 브랜드들을 주력군, 성장군, 효율군, 중단군으로 분류해 포트폴리오를 짜서 관리하는 것이다.

주력군

① 브랜드: 현재 메인 브랜드

---

3) BCG 매트릭스: 'BCG 매트릭스'는 보스턴컨설팅그룹(Boston Consulting Group)에 의해 1970년대 초반 개발된 것으로, 기업의 경영전략 수립에 있어 하나의 기본적인 분석 도구로 활용되는 사업 포트폴리오(Business Portfolio) 분석기법이다. BCG 매트릭스는 자금의 투입, 산출 측면에서 사업(전략사업 단위)이 현재 처해 있는 상황을 파악하여 상황에 알맞는 처방을 내리기 위한 분석도구이다. '성장-점유율 매트릭스(growth-share matrix)'라고도 불리며, 산업을 점유율과 성장성으로 구분해 네 가지로 분류했다.
즉, X축을 '상대적 시장점유율'로 하고, Y축을 '시장성장률'로 하여, 미래가 불투명한 사업을 물음표(Question Mark), 점유율과 성장성이 모두 좋은 사업을 스타(Star), 투자에 비해 수익이 월등한 사업을 캐시카우(Cash Cow), 점유율과 성장률이 둘 다 낮은 사업을 도그(Dog)로 구분했다. 《시사상식사전》, 박문각)

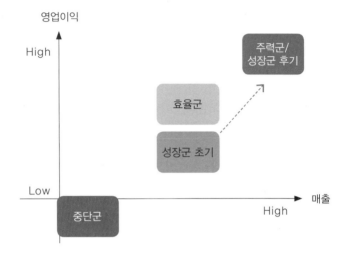

브랜드 포트폴리오 구조

② 역할: 캐시카우

③ 매출 목표: 높음

④ 매출 총이익률[4] 목표: 높음

⑤ 영업이익률[5] 목표: 높음

---

4) 매출 총이익률: '매출 총이익'은 제품을 판 매출액에서 제품을 만드는 데 드는 원·부자재 비용과 배송비 등을 합친 비용인 매출 원가를 뺀 이익이다. '매출 총이익률'은 매출 총이익을 매출액으로 나눈 것으로 매출액의 몇 퍼센트를 차지하는가를 보여준다. 즉, 광고비와 같은 마케팅 비용이 반영되지 않고 순수하게 제품을 판매했을 때 남는 이익률인 것이다.

5) 영업이익률: '영업이익'은 매출 총이익에서 광고비나 프로모션비와 같은 마케팅 비용과 영업 비용을 차감한 이익이다. 즉, 제품을 판매한 후, 제품 판매에 든 '모든' 비용을 반영하고 남은 금액이다.
'영업이익률'은 영업이익을 매출액으로 나눈 것으로 제품을 팔고 몇 퍼센트의 이익이 발생했는가를 보여준다.

성장군

① 브랜드: 향후 주력군으로 키우고자 하는 브랜드

② 역할: 미래 성장 동력

③ 초기

- 매출 목표: 중간

- 매출 총이익률 목표: 높음

- 영업이익률 목표: 낮음

초기 높은 매출 타깃은 브랜드가 자리 잡기 전에 브랜드의 할인과 무리한 확장으로 이어질 수 있기에 초기에는 중간 매출 타깃을 가져간다. 그리고 브랜드가 자리 잡기 위해 투자(예를 들어, 광고)하는 시기로 낮은 이익이 발생할 수밖에 없다.

④ 중장기

- 매출 목표: 높음

- 매출 총이익률 목표: 높음

- 영업이익률 목표: 높음

브랜드가 자리 잡은 후에는 주력군 역할을 맡기도록 한다.

향후, 주력군 역할을 하기 위해 매출 총이익률은 처음부터 높게 가져간다. 다만 초기 매출 총이익률이 목표보다 다소 낮게 설정되더라도, 향후 물량이 늘어날 경우 원·부자재의 가격

협상력이 커져 단가 하락을 유도할 수 있다. 이는 매출 총이익률의 상승을 가져올 것이다. 따라서 유연한 기준이 필요하다.

브랜드 반응이 좋을 경우, 미투 브랜드의 물량 공세가 있을 수 있으므로 미리미리 개선된 제품의 준비가 필요하다.

효율군

① 브랜드: 마이너 브랜드(미투 브랜드 포함)

② 역할: 효율 추구

- 투자 비용을 최소화하며 매출 추구
- 회사 전체 사업 관점에서 있으면 좋을 구색상품 브랜드
- 경쟁사가 만들어 놓은 히트제품에 편승한 미투 브랜드

미투 브랜드를 운영하는 시장이 트렌드가 될 경우는 미투 브랜드를 운영하되 바로 성장군으로 구분되는 브랜드의 론칭이 필요하다.

③ 매출 목표: 중간

④ 매출 총이익률 목표: 중간

⑤ 영업이익률 목표: 중간

효율군은 시장 변화에 대한 빠른 대응과, 크게 성장할 것으로 보이진 않으나 회사 제품 구성에 꼭 필요한 제품군(예

를 들어, 자동차 용품을 판매하는 회사가 판매 품목으로 '차량용 먼지떨이'를 운영하는 경우) 등으로 해당 시장에서는 특별히 높은 이익(률)을 기대하기 보다는 회사의 시장 지배력을 유지하기 위한 보조 장치로 운영하는 군이다.

효율군에서 무리하게 마진을 보려고 할 경우엔, 매출도 없고 이익도 없고 이익률만 무의미하게 좋은 경우가 발생할 수 있으므로 욕심을 버려야 한다.

중단군

① 브랜드: 운영 중단이 필요한 브랜드

② 역할: 빠른 중단으로 회사의 손실 방지

- 매출에 기여하지도 못하고, 팔수록 손실만 끼치는 경우

③ 매출 및 이익 목표: 해당 안 됨

중단군은 SKU 개념으로 접근할 수도 있다. 성장, 주력, 효율군에 있더라도 큰 역할을 하지 못한 SKU들은 과감히 정리해야 한다.

높은 매출, 중간 매출, 높은 이익 등의 기준은 자사의 기존 사업 자료를 토대로 정하면 된다. 자료가 없을 경우는 일정 기간 운영 후 그 결과로 기준을 정하면 된다.

회사 살리는 마케팅 6

문제점 회사는 그 해의 스타를 원한다

경영진들은 항상 오랫동안 회사 성장에 기여할 수 있는 브랜드가 나오길 원한다. 그러기 위해선 앞서 나왔던 브랜드 포트폴리오와 더불어 담당자들의 **장기적인 전략 설정이 필요하다.** 그러나 일반적인 회사에서는 담당자들의 장기적인 전략 설정이 힘들게 되어 있다. 왜냐하면, 조직은 그 해에 좋은 성과를 낸 스타를 원하고 그들을 축하해 주기 때문이다. 따라서 글 속의 나매출 차장과 같이 단기적인 전략에 초점이 맞춰질 확률이 크다. 또한 담당 브랜드(제품)가 바뀌는 경우도 비일비재하기 때문에 담당자 선에서 장기적인 전략이 반영된 제품이 나오기가 쉽지 않다.

해결책 장기적 관점이 필요하다

전설의 시작이 될 것인가, 반짝 스타가 될 것인가?

마케터 1: "제가 그 제품 론칭했어요."

반응: "와, 진짜요? 저 그 제품 정말 좋아해요. 대단하세요."

마케터 2: "아, 제가 이런 제품도 론칭했어요. 지금은 망했지만 그때는 진짜 잘나갔어요."

반응: "네? 그런 제품도 있었어요?"

이 중 당신의 선택은 무엇인가? 마케터 1과 같은 전설의 시작 쪽이 더 좋지 않은가? 당연히 자신 이후의 담당자가 브랜드를 망쳐버릴 수도 있다. 그러나 장기적인 관점으로 시작해야 담당자가 바뀌더라도 장기적인 방향으로 나갈 여지가 있지, 단기적인 관점으로 시작해 놓고 오래가는 브랜드가 되길 바라는 건 너무 이기적인 생각 아닐까?

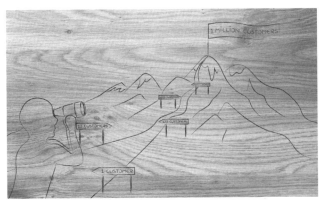

▲ 마케팅 활동은 긴 시선으로 바라보고 이루어져야 한다.

아래는 한 브랜드의 놀라운 매출 증가세를 표현한다.

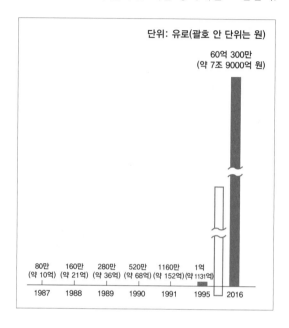

이것은 바로 에너지 음료 시장을 개척한 '레드불'의 매
출액[6]이다.

'레드불'하면 떠오르는 가장 유명한 이벤트가 있다. 바
로 2012년 10월, 지상 3만 9000미터 성층권에서 스카이 다
이버 펠릭스 바움가르트너가 레드불 로고가 새겨진 유니
폼을 입고 자유낙하를 한 이벤트다. '레드불 날개를 펼쳐

6) 자료 출처: 알 리스·로라 리스 지음, 최기철·이장우 옮김, 《경영자 vs 마케터》, 흐름출판
 / 〈Case study - 오스트리아 레드불〉, 이코노미조선, 2017년 10월 9일

줘요'라는 광고 슬로건에 가장 잘 맞는 이벤트였다. 레드불은 이 이벤트에 5년간 6500만 달러(약 743억 원)라는 엄청난 금액을 투자했고, 그 효과는 더 대단했다. 이 이벤트의 광고 효과는 약 400억 달러(47조 원)에 달하는 것으로 조사됐기 때문이다.

▲ 성층권 자유낙하 이벤트(출처: 레드불)

이 이벤트 외에도 레드불은 익스트림 스포츠 등 브랜드 컨셉을 강화시켜 줄 수 있는 다양한 마케팅을 지속적으로 진행했다. 레드불이 당장의 매출과 이익만 중시했다면 이런 프로젝트가 만들어졌을까?

물론 이 정도 규모의 이벤트는 마케팅 담당자 혼자서 수행할 수 있는 수준은 아니다. 이런 시도를 하라는 게 아니라 당장은 그 효과가 작을지라도, 장기적으로 효과를 낼 수 있는 프로젝트를 시작해 보라는 것이다. 그래야 담당자가 바뀌더라도, 이어갈 수 있는 확률이라도 있지 않겠는가.

한 예로, 장기적으로 진행해야 효과를 볼 수 있는 CSR[7]의 경우, 회사 레벨로는 (유한킴벌리의 '우리강산 푸르게 푸르게' 캠페인 등) 활동을 하지만 브랜드 레벨에서의 활동은 드물다. 그 이유는 당장의 성과에 큰 도움이 되지 않고, 장기적으로 해야 하기 때문이다. 담당자의 노력만으로는 오랜 기간에 걸쳐 성장하는 브랜드를 만들기가 힘들다. 그렇기에 조직이 도와줘야 한다.

당신에게 고등학생 아들이 있고, 당신은 계속 돈을 벌고 있다고 가정해 보자. 이 아들은 신체적으로는 성인처럼 당

---

7) CSR(Corporate Social Responsibility): 기업의 사회 책임이라는 뜻으로 기업이 경제적 책임이나 법적 책임 외에도 폭넓은 사회적 책임을 적극 수행해야 한다는 것을 말한다. 마케팅에서는 주로 당장의 수익 활동과는 상관없으나 기업 또는 브랜드 차원의 이미지 형성을 위해 진행하는 경우가 많다. 유한킴벌리의 '우리강산 푸르게 푸르게' 캠페인이 대표적이다. 유한킴벌리는 나무를 많이 사용하는 비지니스 구조를 갖고 있으나, '우리강산 푸르게 푸르게'라는 캠페인을 통해 나무 또한 소중히 관리하는 기업이라는 이미지를 만들 수 있었다.

장 돈을 벌 수 있다. 당신이라면 아들에게 즉시 돈을 벌라고 할 것인가? 아니면 공부를 더 시켜 대학을 보내고, 후에 더 큰 꿈을 이뤄 더 많은 수입을 갖게 할 것인가?

진짜 키울 생각이 있다면, 자식을 대하듯 장기적인 안목으로 브랜드를 대하길 바란다. 또한 담당자들의 단기적인 시각 개선을 위해서는 회사가 장기적인 관점을 중요시한다는 메시지를 주는 게 필요하다.

하나의 방안으로 시간이 걸려 성장한 브랜드의 경우에는 론칭한 담당자(또는 팀)를 찾아 보상하는 제도를 제안한다. 이런 경우, 보상 규모가 중요한 게 아니다. 적은 보상이라도 그들의 노력을 기억하고 인정해 준다는 메시지를 통해 '우리 회사는 단기간 실적만을 고려하지 않는다. 장기적인 안목으로 운영한다'는 철학을 직원들에게 보여줄 수 있다.

이런 사실도 있었다 -

잘 나가는 CEO들이 꺼려하는 말은?

래리 페이지(구글 공동 창업자), 마크 저커버그(페이스북 CEO), 잭 도시(트

위터 공동 창립자 겸 스퀘어 창립자) 이 세 명이 공통적으로 쓰길 피했던 단어가 있다. 바로 '매출'.

위에 언급된 세 명 모두와 함께 일한 경험이 있는 고쿨 라자람(Gokul Rajaram)이라는 엔지니어는 그들과 함께한 어떤 미팅에서도 '매출'이라는 단어를 듣지 못했다고 한다. 회사에서 가장 핵심지표로 사용하는 '매출'을 강조하지 않고 어떻게 그들은 비즈니스에서 리더의 자리에 오를 수 있었을까? 크게 세 가지로 요약된다.

- 그들은 '시장 점유율'에 집중했다.

시장 점유율이 높아지면 매출은 자연스레 증가할 것이기 때문이다.

- 그들은 직원들이 '고객'에 집중하게 했다.

항상 "왜?"라는 의문과 함께 고객에게 기존에 경험하지 못한 더 뛰어나고 차별화된 제품을 제공하는 데 집중하게 했다.

더 뛰어나고 차별화된 제품은 고객이 그 제품을 더 사용하게 만들 것이며, 이는 매출 증가로 이어질 것이다.

- 그들은 '고객과 광고주'에 기반해 성장 목표를 설정했다.

고객과 광고주의 수가 늘거나 구매 횟수가 늘어난다면 매출은 따라올 수밖에 없기 때문이다.

그들은 이 모든 것을 제대로 실행한다면 매출은 자연스레 따라올 것임을 알고 있었다.

"매출은 후행지표다(Revenue is a lagging indicator)."

04

출시 좀 당겨봐

●

압박도 상황을 봐 가면서 해야 한다.

"네, 월요일까지 스토리보드 요청드립니다."

지금은 금요일 오후 3시, 평 과장은 금요일 오후에 요청해서 월요일 오전까지 자료를 달라고 하는 소위 '갑질'을 광고대행사 담당에게 하고 말았다. 이런 식으로 일하는 걸 싫어하는 평 과장이었으나, 사장의 급작스런 일정 조정에 어쩔 수가 없었다. 두 시간 전, 사장은 평범한 과장과 김아쉽 팀장을 호출했다.

"B Milk 출시가 언제라고 했지?"

"지금 7월 15일로 잡혔습니다."

"음, 두 달 남았군. 그거 6월 중순으로 출시 좀 당겨봐."

"저…, 사장님. 지금 일정을 당기는 건 조금 문제가 있습니다. 원료 입고 시기도 남아 있고, 아직 테스트도 남은 게 있습니다. 그리고 마케팅 준비도 아직은 시간이 더 필요합니다."

"평 과장. 알겠는데, 일단 좀 당겨봐. 지금 6월까지 매출 맞춰놔야 2분기 매출, 목표대로 갈 수 있어. 무리인 건 알겠지만, 지금 신규 매출을 일으켜 줄 수 있는 건 B Milk밖에 없으니까 좀 더 해보라고. 알겠지? 안 그래도 어제 굿잡마트 대표를 만났는데 B Milk 출시만 되면 입점은 물론이고 진열 쫙 깔아주기로 했어. 기회가 아주 좋아."

"사장님. 일정을 고려했을 때, 우려되는 부분이 좀 많습니다. 원래 스케줄대로 가서 하반기 매출에 기여하는 것으로 보면 어떠실까요?"

김아섭 팀장은 우려 섞인 목소리로 얘기했다.

"이봐, 김 팀장. 안 된다고 생각하면 되는 일도 안 되는 거야. 내가 예전에는 이보다 더한 상황에도 일정 다 맞춰서 회사 매출 올렸다고. '주인의식을 갖고! 할 수 있다!'라는 마인드로 일해야지. 안 그래?"

"네… 알겠습니다."

모든 스케줄은 재조정되었고, 야근은 계속되었다. 출시 전까지는 일이 끝날 기미가 보이질 않았고, 평 과장이 담당하고 있는 다른 제품들의 관리는 소홀해질 수밖에 없었다. 분명히 신제품 출시가 끝나고 나면, 관리하지 못했던 업무들이 폭탄이 되어 다가올 것이 눈에 뻔했지만 지금은 그런 생각할 여유조차 없는 평 과장이었다.

어찌어찌 업무들이 진행되면서 TV 광고 시사회 날이 왔다. 광고 컨셉은 '우유 빛깔 피부는 저온살균 B Milk로'였다. 광고를 본 후 사장은 약간 아쉬운 듯한 표정을 지었다.

"광고 괜찮네. 잘 만들었어. 다 좋은데, 아무리 피부에 좋은 우유라지만, 너무 그쪽 이야기만 나오는 것 같아. 우리 우유가 전용 목장에서 만들어진다는 이야기도 좀 넣고 마지막에 '꿈꾸는 커피' 새로운 맛 출시된 거 한 장면 넣으라고. 7월부터는 밑에 자막 형태로 우리 회사 창립 프로모션 하는 거, 그 내용도 좀 넣어. 알겠지?"

"사장님. 그러면 15초 안에 너무 많은 이야기가 나와 광고가 좀 복잡해질 것 같습니다."

김아쉽 팀장은 바로 답변했다.

"아니, 김 팀장. 지금 이 광고에 쓰는 돈이 얼만지 아나? 무려 이 브랜드에만 10억 원이야, 10억. 이 큰 돈을 쓰는데 알릴 수 있는 건 다 알려야지. 안 그래?"

사장님의 호통에 김 팀장은 아무 말도 하지 못했다.

"평 과장, 이번에 온라인 광고랑 잡지 광고도 가나?"

"예. 현재 주요 포털 사이트와 패션지 10개지에 광고가 잡혀 있습니다."

"그래. 그것도 TV 광고랑 동일하게 내용 채우도록 해. 알겠지?"

"네, 알겠습니다."

김 팀장과 평 과장의 표정에는 답답함이 가득했다.

이제 출시까지 남은 기간은 1주였다. 그리고 공장에서 테스트 생산이 시작되었다. 테스트 결과는 성공적이었다. 불안하게, 정신 차릴 겨를 없이 모든 일이 진행되었다. 모두들 야근에, 밤샘 작업을 거듭해가며 겨우겨우 일정을 맞춰갔다.

원래 아보카도, 파프리카, 브로콜리 3개 제품의 출시를 기획했으나, 사장님의 지시로 브로콜리는 대체재를 찾다 보니 출시가 다른 제품보다 1주 늦어지게 됐다.

그러던 중 사고가 터지고 말았다.

출고될 제품의 품질 테스트에서 이상한 냄새가 난다는 결과가 나온 것이다. 원인 파악에 들어갔고, 원인은 원료 공급업체에서 제공한 아보카도, 파프리카 원료가 문제였다. 일정보다 앞당겨 무리하게 원료를 구하다 보니 문제가 발생한 것이다. 업체와의 보상 문제는 둘째치고 가장 큰 문제는 출시 날짜를 못 맞추는 것이었다.

겨우 취소된 TV, 온라인 광고와 달리, 이미 인쇄가 되어 취소를 할 수 없었던 잡지 광고는 제품 없이 출시 광고만 나가게 되었다.

7월 초, 다시 원료가 입고되면서 제품은 겨우 출시되었지만, 사건 수습에 에너지를 빼앗긴 모두는 지쳐버렸고 사장님의 호된 질책에 또 한 번 기운이 다 빠져버렸다.

그래도 업무는 쭉 계속되어야 했다.

회사 살리는 마케팅 7

문제점 : 압박하면 다 된다고 생각한다

압박하면 빠른 결과를 얻을 수 있다. 그러나 이런 상황들이 쌓이고 쌓이다 보면 어떤 결과가 나올까?

글 속의 마케팅팀은 압박으로 어떤 문제를 겪을까?

무리한 일정으로 제대로 된 출시를 못했다. 스케줄대로 갔으면 순조롭게 끝날 확률이 높은 일이었으나, 무리한 일정으로 노동력, 원·부자재 등을 모두 낭비하고 말았다.

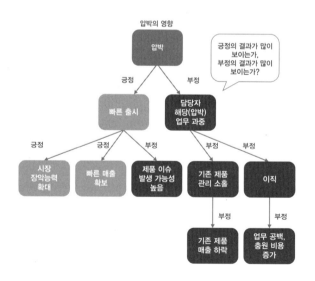

속된 말로 '쪼면 된다'라는 말을 쓰곤 한다. 지속적으로 압박하면 빠른 결과가 나온다는 것을 의미한다. 그러나 압박의 영향에 대한 도표를 보면 긍정의 결과가 많은가? 부정의 결과가 많은가?

글 속의 마케팅팀이 잃은 건 마케팅 비용의 낭비뿐만 아니라 거래 업체(굿잡마트)와의 신뢰도 잃었다. 즉, 중요한 유통 거래처 하나를 잃을 수도 있었다는 것이다.

여담이지만, '제품을 파는 게 아니고, 고객이 직접 사게 하라'는 얘기가 마케팅 분야에 흔하다. 제품을 사라고 강요하는 게 아니라 고객이 '스스로 찾아오게' 만들라는 것이다. 이 책은 앞에서도 얘기했지만 평범한 마케터의 시각에서 썼다. 마케팅을 중시하지 않는 조직 속에서 평범한 마케터가 혁신적인 제품을 출시하고, 획기적인 광고, 프로모션을 하는 건 거의 불가능에 가깝다. 기껏해야 남들보다 조금 더 나은 제품을 만들 뿐이다. 이런 상황에서 제품을 '파는 행위'의 대표적인 행동인 영업이 잘되지 않는다면, 그건 곧 매출 기회가 사라지는 것이다. 우리 제품이 조금 더 나은 수준일 뿐이니, 소비자들은 다른 경쟁 제품들을 구매해도 크게 불편함을 느끼지 못하는 상황이다. 이런 상황에서 영업이 없으면, 매출은 나오기 힘들다.

[해결책] 압박도 상황을 봐 가면서 해야 한다

회사의 압박에 여러 장·단점이 있고 상황에 따라 효과가 다르겠지만 적어도 **제품 개발 일정은 예외로 해야 한다.** 예정된 일정을 앞당기려는 압박이 빠른 성장을 위해서인가? 매출 목표를 맞추기 위해서인가? 1년 사업하고 접을 건 아니지 않은가. 회사를 존재하게 해주는 소비자들에게 잘 준비된 제품을 선보여야 한다. 자사가 준비한 제품의 카피 제품을 경쟁사가 먼저 출시하는 경우가 아니라면 제품 개발에 관한 압박은 긍정의 결과보다 부정의 결과를 더 많이 발생시킨다.

[이런 사실도 있었다] ┄┄┄┄┄┄┄┄┄┄┄┄┄┄┄┄┄┄

빌 게이츠의 압박이 망친 윈워드 1.0

빌 게이츠는 윈워드를 개발하면서 '역사상 가장 우수한 문서 작성기 개발', '가급적이면 12개월 안에'라는 지시를 내렸다. 당시 상황은 이

둘 중에 하나의 오더만 있었다면 충분히 수행할 수 있는 상황이었으나, 2개를 동시에 만족시키기는 불가능한 상황이었다고 한다.

왜냐하면 윈워드 1.0 수준의 개발에는 적어도 460일이 필요한 상황이었기 때문이다. 일정 압박으로 인해 개발자들은 낮은 수준의 품질에도 불구하고 '완료'라는 보고를 계속했다. 이는 수정 작업을 계속 발생시켰고 결국 윈워드 1.0 개발에는 5년이 걸렸다.

이 5년의 시간 동안 개발 수석 자리는 일정 압박과 건강상의 이슈로 4번이나 교체되었다.

빠른 것은 좋다. 그러나 여건에 맞게 움직여라.

회사 살리는 마케팅 8

문제점 너무 많은 정보를 얘기하려 한다

앞의 1장에서 '제품의 모든 장점을 다 보여주려 한다'는 내용을 얘기했는데, 이는 제품뿐만 아니라 광고에서도 나타난다. 같은 맥락이지만 광고 관점에서도 꼭 한 번 짚을 필요가 있어 다시 언급한다.

예능 방송을 보다 보면 연예인들에게 캐릭터가 만들어지는 걸 자주 본다. '불참러', '호통' 등의 캐릭터는 사람들이 그

연예인을 쉽게 떠올리게 만들어 준다. 브랜드도 마찬가지다. 하나의 명확한 정체성이 있어야 소비자가 쉽게 떠올린다. 쉽게 떠올려야 매출도 잘 나올 수 있는 것이다.

그런데 TV 광고를 보다 보면, 수많은 메시지로 가득 찬 광고들을 볼 수 있다. 많은 비용을 쓰는 광고에 원하는 이야기를 다 담고 싶은 마음은 이해가 가지만 그 많은 메시지가 소비자들한테 제대로 다 전달될까?

해결책 당신의 이야기에 다 귀 기울여 줄거라 생각하지 마라

광고를 할 때는 제발 하나의 메시지에만 집중해라. 갖고 있는 걸 전부 이야기하고 싶은 마음은 잘 알겠으나, 당신의 이야기를 진득하니 앉아서 다 들어줄 소비자는 자사, 경쟁사, 협력업체에서 일하는 사람들밖에 없다. 광고에 돈을 많이 쓰니 본전을 뽑고 싶기도 할 것이다. 실제로 광고에 10억 원을 썼는가? 마음먹고 100억 원을 썼는가?

당신이 100억 원을 쓰더라도 2017년 기준으로 봤을 때 전체 광고비인 11조 1295억 원의 0.09%밖에 되지 않는다는 사실을 아는가? **당신이 광고비로 100억 원을 쓴다고 해도 전체 광고의 0.1%도 되지 않는다!** 이런데도 이기적으로 자신의 기준에서 돈을 많이 쓴다면서 하고 싶은 이야기를 다 할 것인가? 한 가지 이야기만 주구장창 해도 사람들이 기억할까 말까다. 소비자들에게 당신의 제품을 확실하게 알리고 싶다면 제발 하나의 핵심 메시지만 던져라.

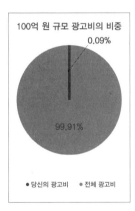

◀ 대한민국 전체 광고비 대비 100억 원 규모 광고비의 비중(자료 출처: 〈2017년 대한민국 총 광고비 결산 및 전망〉, 제일기획)

"평시에 합리적인 지휘관만이 위기 시에

불합리한 작전을 관철시킬 수 있다."

– 《송곳》 중에서, 최규석 글·그림 –

05

1등보다
'더 좋은' 원산지?

●

전문가의 지식을 가지되, 비전문가의 관점을 유지하라.

"나매출 차장, 우리 차별화 포인트부터 다시 생각해 보자."

"팀장님. 저는 이거면 충분할 것 같은데요. '청정지역 뉴질랜드 유기농 원료'요."

지금 김아쉽 팀장의 자리에선 나매출 차장과 김아쉽 팀장의 회의가 한창이다. 승승장구하다 매출이 꺾여 회사 내 긴장감을 유발시킨 꼬꼬마 주스의 리뉴얼 오더가 떨어졌기 때문이다. 그러나 컨셉 잡는 작업부터 쉽지 않아 보였다.

"팀장님. 뉴질랜드 하면 청정지역이잖아요. 그리고 우리한테 원료를 공급하는 이 업체가 세계 10대 유기농 회사로 불린다구요. 재배하는 토양도 이 회사에서 3년 연구 끝에 최적화된 토양 비율을 개발했대요. 이보다 더 좋은 환경이 어디 있습니까?"

"나 차장, 무슨 얘기하는지는 알겠고, 충분히 강점은 될 수 있어. 자, 그럼 이렇게 얘기해 보자. 지금 1등 제품인 '착한 유기농 주스'가 제일 강조하는 게 뭐야?"

"국산 유기농 원료요. 기존 우리 회사가 쓰던 컨셉을 가져갔죠."

"좋아. 그러면 1등은 '원산지'로 차별화를 가져갔으면 우리는 '차별화', 말 그대로 다른 포인트를 가져가는 게 어떨까?"

"팀장님, 1등 원산지보다 더 좋은 원산지라니까요. 이것만 잘 알리면 충분히 승산이 있어요. 팀장님도 론칭하실 때 '국산'이라는 원산지를 강조하셨잖아요."

"내가 론칭할 때는 원산지를 강조한 제품이 하나도 없었어. 그냥 '유기농'이라는 것과 '맛'에 주로 포커스를 두었지. 나 차장, 우리 현실적으로 생각해 보자. 우리 올해 광고비 얼마나 쓸 수 있을 것 같아? 많아야 1억 원이야. 착한 유기농 주스는 올해 TV에만 얼마 썼는지 알지? 15억 원이야. 다른 비용들까지 하면 못해도 20억 원은 될 걸? 자, 더 잘 알릴 수 있겠어?"

"팀장님, 물량 앞에는 장사 없다고 당연히 광고비 차이가 그 정도인데 더 잘 알리기가 힘들죠. 그래도 블로그랑 SNS만 잘 활용하면, 그리고 이 팩트를 아는 사람이 늘어나면 우리 매출은 괜찮을 것 같습니다."

"음. 나 차장, 저번에 비 오는 날 나랑 출장 같이 갔지. 그때 와이퍼 소리 많이 난다고 하더니 갔었어?"

"아니요. 매번 간다고 하고 까먹네요. 요새 너무 정신이 없어서요. 아시잖아요. 리뉴얼에, 프로모션에, 진짜 하루하루가 편한 날이 없어요. 안 그래도 이번 주말에 마트 가서 사려구요."

"그래서 뭐 살려고?"

"잘 모르겠어요. 그냥 가서 할인하는 거나 옐로우호스 와이퍼 사려고요. 거기 요새 광고도 하더라구요."

"나 차장, 와이퍼에도 여러 종류가 있다고. 플랫와이퍼, 윙와이퍼, 하이브리드 와이퍼, 그것뿐인 줄 아나? NR,

CR, NCR 등 와이퍼에 사용되는 고무들도 봐야 한다고. 또 발수와이퍼도 있어. 원래 장착되어 나오는 순정도 무시 못 하지."

"와. 팀장님, 정말 많이 아시네요."

"자. 나 차장, 자네가 사느라 바빠서 신경을 못 썼던 와이퍼에도 이렇게 많은 종류와 특성들이 있다고. 우리 제품은 어떨까? 아기한테 주는 거니까 와이퍼보다는 관심을 더 기울이겠지만, 사느라 바쁜 대부분의 우리 소비자들은 모두가 자기 제품이 좋다고 얘기하는 상황에서 어떻게 할까? 가장 간단한 방법은 대기업 또는 1등 제품을 고르는 거지. 일단 신뢰할 수 있으니까 말이야. 그러면 자신의 시간과 비교에 들이는 노력을 절감할 수 있다고 여기겠지. 가장 좋은 상황은 지금 우리 시장처럼 대기업이 1등 하는 상황이고. 자, 그러면 나 차장처럼 바쁜 소비자들이 원산지가 다른 두 제품을 보고 어떤 선택을 할지는 뻔하지 않아? 군이 우리 제품을 탐색할 필요 없이 약간 비싸더라도 대기업의 1등 제품을 선택하지 않을까?"

"저는 여전히 파워블로거랑 SNS를 잘 활용하면 될 것 같습니다. 그런데 팀장님은 무슨 아이디어 있으세요?"

"전에 나 차장이 나한테 얘기한 거 기억나? 왜 와이프 팩 사가야 한다고 화장품 가게 갔을 때 과일 모양 패키지 보고 우리도 이런 거 만들면 좋겠다고 했잖아. 그거 지금 해 보자. 단가는 당연히 올라가겠지만 해 볼 만한 가치는 있을 거야. 원료는 나 차장이 추천한 원료가 괜찮은 듯하니 밀어붙이라고. 생산 효율성 때문에 공장에선 싫어할 거 같고, 사장님이 컨펌해 줄진 모르겠지만, 어때?"

"와. 팀장님, 그거 기억하고 계셨어요? 사실 리뉴얼한다고 했을 때 생각은 했었는데, 생산도 쉽지 않고 단가도 많이 높을 거 같아 초반에 포기해서 저도 까먹고 있었거든요. 팀장님이 도와주시면야 저야 한번 해 보고 싶죠."

평 과장은 그렇게 의견을 모은 둘을 보며 쉬운 길을 놔두고 가시밭길을 걷고자 하는 김아쉽 팀장이 좀처럼 이해가 되지 않았다. 그렇지만, 그런 사람이 자신의 팀장이라는 것도 한편으론 뿌듯했다.

회사 살리는 마케팅 9

문제점 전문가의 시각으로 바라본다

글 속의 마케팅팀은 전문가의 시각으로 인해 어떤 문제를 겪을까?

'아는 것이 병'인 상황이 생긴다. 아는 게 많다 보니, 설명이 길어지고, 설명이 길어지다 보니 소비자들의 관심은 떨어진다.

제품을 담당하는 마케터인 나매출 차장은 하루 종일 유아 주스와 대면하니 원하던 원하지 않던 유아 주스 시장에 대해서 전문가가 됐을 것이다. 그래서 제품을 전문가 관점에서 보기 시작한 것이다.

당신이 컬링이란 스포츠에 관심이 없다가, 올림픽을 본 후 관심이 생겼다고 생각해 보라. 그때부터는 경기를 찾아볼 것이며, 관련 정보들도 찾아보게 된다. 그러면서 동호회에 참석할 수도 있을 것이다. 그러다 보면 당신은 컬링 전문가가 될 것이다. 보이지 않던 팀 간의 전략도 보이고, 선수들의 특성도 알게 된다. 즉, 계속 마주하다 보면 일반인들보다 더 많은 지식과 경험을 가진 전문가가 되는 것이다. 마케터가 그러하다.

한 제품을 몇 개월 이상에 걸쳐 개발하거나 1년 넘게 관리하다 보면 자연히 그 제품에 대해서는 일반 소비자들보다 더 깊게, 더 많이 알게 될 수밖에 없다. 그러다 보면 마케터들이 걸리는 병이 있다. 바로 '전문가병'이다. 너무 많이 알다 보니 생기게 되는 것이다. 그러다 보니 자꾸 일반 소비자들에게 전문가 수준은 돼야지 알 수 있는 이야기를 한다. 결국, 자연스레 설명이 길어질 수밖에 없다. 그 수준까지 소비자를 끌고 와야 하기 때문이다. (연구소 담당자들은 더 얘기할 것도 없는 전문가다. 그러나 그들은 '전문가의 시각'에서 보는 게 당연하고 그게 그들의 역할이다. 또한, 회사 내 또는 한 카테고리에서 오랜 시간 근무한 사람들도 전문가의 시각을 가진다. 그러나 마케터는 회사에서 맡은 역할이 다르다. 전문가와 바쁜 소비자를 연결시켜줘야 한다. 그렇기에 마케터는 달라야 한다.)

그러나 나 차장의 일상생활과 같이 소비자들은 본인의 관심 분야가 아니면 깊게 신경 쓸 여력이 없다. 먹고 살기도 바쁘기 때문이다. 즉, 여기 글에서처럼 뉴질랜드의 원료가 국산 유기농 원료보다 품질이 좋다고 가정하더라도 바쁜 소비자는 굳이 시간을 들여가면서 그 사실을 확인할 여유가 없는 실정이다. 전문가 입장에서 봤을 때는 중요한 팩트(fact, 사실)

일지라도 소비자 입장에서는 두 원료 다 괜찮은, 특별히 구분되지 않는 그저 그런 '정보' 중의 하나가 될 수 있기 때문이다.

해결책 **전문가의 지식을 가지되, 비전문가의 관점을 유지하라**

전문가의 지식을 가지되 비전문가들이 '쓱' 봤을 때 '탁' 하고 알 수 있도록 직관적이고도 단순한 포인트를 찾아내는 게 핵심이다. '단순'과 '직관', 이 두 가지 포인트로 소비자들에게 얘기해야 함을 명심하라.

다만 예외는 있다.

첫째 사용할 수 있는 광고비가 많고, 둘째 전문가의 관점으로 접근했을 때 시장 판도를 바꿀 수 있고, 셋째 그 시장이 회사 입장에서 봤을 때 충분한 규모가 된다고 판단될 때는 '전문가의 관점'을 '차별화 포인트'로 가져가 많은 광고비로 알려라.

절대 강자, 질레트를 흔들리게 하다

시간을 깎자, 돈을 깎자.(Shave time, Shave money)

이 슬로건은 바로 면도기 시장 절대 강자인 질레트의 독주에 제동을 걸고, 유니레버에 10억 달러(약 1조 1000억 원)에 인수된 스타트업인 달러 쉐이브 클럽(Dollar Shave Club)의 슬로건이다.

기존 면도기 시장은 깔끔한 면도가 되느냐의 싸움이었다. 그리고 승자는 항상 업계 1위인 질레트였다. 아마 리서치로 가장 중요한 구매 요인을 파악해도 '깔끔한 면도'가 1위를 차지했을 것이라 생각한다. 그러나 달러 쉐이브 클럽은 완전한 차별화로 시장에 진입했다.

바로, 매월 1달러를 내면 면도기 1개와 5개의 면도날을 배송해 준다는 것이다. 그리고 이렇게 얘기한다. '우리 면도날도 충분히 좋으니, 쓸데없는 기능(진동 기능 등)에 돈 낭비하지 말고, 사러 가는 데 시간 낭비하지 말고, 집에서 편하게 받기만 하라'는 것이다. 여전히 오프라인 시장에서는 질레트가 강자이다. 그러나 온라인 시장에서는 달러 쉐이브가 54%, 질레트가 21%의 점유율(2015 Euromonitor 기준)을 보이며 파란을 일으키고 있다.

차별화는 이렇게 '쓱' 봐도 '탁' 알 수 있게 하는 것이다. 당신의 제품에 쏟을 수 있는 고객의 시간과 에너지를 항상 고려하라.

참고로, 그동안 2위 브랜드 쉬크는 어떤 접근을 하고 있었을까?

쉬크는 'Free your skin(피부를 자유롭게)'이라는 슬로건을 내세우며, '피부'에 초점을 맞추고 있었다. 글쓴이의 추측이지만 쉬크는 자사 테스트 결과 다른 면도기들보다 피부 자극을 줄여준다는 결과를 얻었거나, 소비자 조사 결과 피부 자극이 면도기 구매에 큰 영향을 준다는 결론에 주목했거나, CEO가 무조건 밀어붙였을 것이다.

아무리 적게 잡아도 수억 원은 썼을 TV 광고를 집행한 쉬크. 약 500만 원의 제작비를 들인 유튜브 동영상으로 승부한 달러 쉐이브 클럽.

쉽게 알 수 있는 확실한 차별화는 몇 억의 마케팅 비용보다도 확실한 효과가 있다.

회사 살리는 마케팅 10

문제점 회사에 기여할 수 있는 인재를 만들기보다는 갖고 있는 능력을 끝까지 다 활용하려고만 한다

벤자민 프랭클린Benjamin Franklin은 "교육 없는 천재는 광산 속의 은이나 마찬가지다"라고 말했다.

김아쉽 팀장처럼 명확한 가이드로 직원의 능력을 끌어올리는 상사만 있다면 회사에 교육은 필요 없을 것이다. 그러나 그런 상사들을 쉽게 찾아볼 수 없는 것도 현실이다.

해결책 직원은 회사가 가진 자산 중 유일하게 무한대로 성장할 수 있는 자산이다

모두 좋은 상사를 가질 수는 없기에 직무에 맞는 적합한 교육은 꼭 필요하다. 이는 당신 회사의 직원들을 금으로 만들어 줄 것이다.

마케팅 업무를 하는 사람들 중에는 다른 업무를 하다 마케팅을 하게 된 사람들도 있기 때문에 이들에게 약간의 교육만 더해진다면 그들은 실무 경험을 바탕으로 급속히 치고 올라올 것이다. 그러면 어떤 교육이 필요할까?

1. 이론 교육은 절대 피하라

학교 다닐 때 공부가 좋았던 사람이 몇이나 있는가? 학생 때도 잘 하지 않던 공부를 일에 치이고, 상사에 치이고, 집안일에 치이는 사람에게 하라는 게 말이 되는가? 그리고 이들은 필드에서 단련된 이들이다. 이론 교육을 생각했다면 절대 피하라.

2. 유명 강사는 '반쯤' 선택하라

마케팅·컨설팅 등 해당 필드에서 잘 알려진 사람들이 있다. 처음 한두 번의 강의는 신선할지 모르나 점차 본인이 전문가라고 자부하는 몇몇 사람들은 '너희들 문제 내가 모두 다 해결해 주마. 난 모든 해결책을 알고 있다'라는 식의 진행을 하기도 한다. 결과적으로 교육이 잘 진행될 리가 없다(모두 그렇지는 않기에 반쯤 선택하라고 제안한다).

3. 케이스를 공유하라

직원들끼리 하기는 힘든 측면이 있다. 이에 전문가가 케이스를 준비해 공유하고 핵심을 짚어주는 선이라면 베스트다. 쉽게 접하기 힘든 해외 사례라면 더욱 좋다. 해당 사례에 대해 공유하고 가볍게 얘기를 나누는 것만으로도 담당자들의 수준은 자연스레 올라가며 자신의 카테고리에 적용해 볼 수 있는 방법을 고민하게 된다. 개념에 대한 설명보다는 사례에 대한 이해로 개선된 업무 능력을 습득하게 되는 것이다.

마케팅 임원과 경영진들은 수업에 꼭 같이 참여하길 바란다. 직원들은 더 나은 시각으로 업무를 바라보게 되었는데 위에서 그 시각으로 봐주지 않는다면 교육은 아무 효과가 없기 때문이다. 그리고 중요한 건, 직원들이 자유롭게 얘기할 수 있게 놔둬야 한다는 것이다. 윗선에서 의견을 얘기하다 보면 직원들의 자유 토론은 그 의견을 따라갈 수밖에 없다.

이런 사실도 있었다 -

P&G 최고의 자산은?

> 만약 당신이 P&G의 돈, 건물, 브랜드를 놔두고 직원들을 데려간다면, P&G는 실패할 것이다. 그러나 만약 당신이 P&G의 돈, 건물, 브랜드를 가져가고 직원들을 남겨둔다면, 우리는 모든 것을 10년 안에 다시 만들 수 있다.
>
> — 리처드 듀프리(P&G CEO), 1947

P&G가 얼마나 직원을 중요하게 생각하는지 잘 보여주는 말이다. 또한, 그렇게 직원들을 중시하기 때문에 P&G는 교육에 많은 투자를 한다. 연간 약 200시간을 직원 교육에 투자하고, 본인이 부족하다고 생각되는 부분을 교육받을 수 있게 하였다. 직원이 직원을 가르치는 교육 시스템을 만들기도 하여 서로의 노하우를 나눈다. 특히, 마케팅 분야에서는 '마케팅 사관학교'라고 불릴 정도로 명성이 높다.

1837년 설립되어 지금까지 최고의 회사로 인정받는 P&G. 뛰어난 인재가 모이고 그들의 재능을 더 성장시키는 정책이 지금의 P&G를 만드는 기반이 되었을 것이다.

06

그래서 ROI가
어떻게 되는데?

•

효율 측정에 너무 연연하지 마라.

"평 과장, 그래서 이 2800만 원짜리 프로모션 ROI[1]가 어떻게 되는데? 5000만 원 추가 매출이 예상된다거나, 매출액이 없으면 뭐, 다른 예상치가 있어야 될 거 아니야? 전에 회사에서 이런 거 안 배웠어? 지금 이 결과도 예상 못하는 프로모션을 들고 와서 나보고 결재하라는 거야?"

"네, 수정하겠습니다. 그런데… 이번 프로모션은 매출과 직접적인 연관보다는 브랜드를 알리는 형태의 프로모션이라 ROI를 뽑는 게 좀 쉽지 않습니다."

---

1) ROI(Return On Investment): 투자 자본 수익률로 투자가 얼마나 수익을 창출하는가에 대한 지표다. 마케팅에서는 투자한 마케팅 비용 대비 매출 또는 광고 효과 등이 얼마 나왔는지를 측정한다.

"그러면 지금 회사 성장에 얼마나 기여할지도 모르는데 돈을 함부로 쓰겠다는 얘기를 하는 건가? 자네 돈이라면 이렇게 쓰겠어? 내 돈을 쓴다고 생각하면 이렇게 하겠냐고? 기안 받고 싶으면 ROI 분석해서 올려. 그리고 앞으로 마케팅 프로모션 진행할 때는 ROI 같이 첨부해서 보고하고, 지금 진행 중인 프로모션은 종료 후에 ROI 분석해서 사후 보고하라고 해."

B Milk 출시 100일 기념 프로모션 안을 들고 갔던 평 과장은 재무 이사로부터 호된 질책을 듣고 말았다. 그리고 마케팅팀으로 내려진 이 '비보'를 어떻게 전해야 할지 걱정했다. 자리로 돌아온 평 과장은 김아쉽 팀장에게 이 사실을 전했다.

얘기를 들은 김아쉽 팀장은 답답함을 표출했다.

"아, 이사님. 또 시작하셨네. 원칙상 틀린 얘기는 아니지만, 내용 좀 제대로 봐주시지. 아니, 도대체 시엠송(CM song) 부른 가수 초청해서 진행하는 프로모션에 ROI가 어떤 큰 의미가 있는 건지…. 앞으로 서류 작업 엄청 늘겠네."

김아섭 팀장은 그러나 직장인답게, 이내 체념한 모습을 보였다.

"나 참. 어쩔 수 없지 뭐. 직장인이 하라면 해야지. 해보자. ROI 항상 같이 보고해야 된다는 내용은 내가 고지할게. 이거 빨리 기안 받아야 되는 거지? 지금 진행되고 있는 프로모션 다 가져와 봐."

"네. 지금 1개 예정이고 1개는 진행 중입니다. 첫 번째는 B Milk 프로모션이고, 두 번째는 깨톡 이모티콘 증정 프로모션이에요."

"깨톡 이모티콘 증정은 뭐였지?"

"우유 스페셜 패키지를 사면 패키지 내부에 인쇄된 QR 코드로 이모티콘을 다운받는 건데, 이건 그때 팀장님이 매출 연계 프로모션이라고, 예상 매출액도 반영하라고 하셔서 이미 투자액, 매출 예상 등 내용이 다 있습니다. 사후 보고도 동일한 형식으로 하면 되니까요. 다행히 예상보다 반응도 좋아서 매출도 잘 나왔습니다. 문제는 B Milk 프로모션이죠."

"오케이. B Milk 건의 프로모션 형식은 미니 콘서트지?"

"네. 샘플링이랑 같이요. 지금 타깃인 20대 초중반 여성에 맞춰서 여대 3곳 포함, 총 5개 대학에 잡혀있구요."

"이거 ROI로 매출 연결은 힘들 거 같고 미디어 노출된 것을 광고비로 환산해서 갈 수밖에 없겠는데, 매출 연계는 연결고리가 없네. 혹시 5개 대학 편의점에 제품 다 판매되나?"

"현재 1곳은 들어가는데 4곳은 아직 못 들어간 것 같습니다."

"평 과장, 그러면 이거 일단 미디어 노출로 ROI 뽑아보자. 매출 연계는 얘기 나오면 다시 해 보고."

"미디어 노출이라 함은 기사 나올 거 얘기하시는 건가요?"

"그것만으로는 너무 없어 보이지 않을까? SNS도 포함해서 노출되는 거, 정량화할 수 있는 건 다 찾아봐. 이 프로모션 집행하는 대행사한테도 ROI 측정했던 사례 있으면 문의하구."

"네. 알겠습니다. 아, 그런데 진짜 할인이나 판촉물, 이런 거 ROI는 이해가 가는데 이런 브랜드 프로모션에서 ROI

찾는 건 진짜 아닌 거 같아요. 소비자에게 브랜드를 긍정적으로, 의도한 대로 인식시키는 게 목적인데 말이죠. 이게 매출하고 바로 연계돼서 숫자를 볼 수 있는 것도 아니고, 미디어만 많이 노출됐다고 소비자들이 긍정적으로 인식하는 것도 아니고요. 진짜 이렇게 효율만 따질 거면 할인 쿠폰 외에는 안 하는 게 답인 거 같아요. 의미 없는 숫자 예측만 하고 있는 거잖아요."

"어쩔 수 있냐. 하라면 해야지."

"시간 아까워서 그러죠."

투덜이로 변신한 평 과장이었지만, 손은 벌써 대행사에게 유사 사례를 의뢰하고 있었다.

문제점 마케팅 비용을 쓰면 효과가 바로 나와야 된다
고 생각한다

  마케팅 비용은 주로 큰 비용이 많다 보니, 회사 내에서는
마케팅 비용을 쓰면 효과가 바로 나와야 된다고 생각하는
경우가 많다. 큰 돈을 썼으니 그 효과를 빨리 보고 싶은 마
음은 이해된다. 그러나 마케팅 비용은, 비용의 성격에 따라
그 효과가 나타나는 기간이 다르다.

해결책 효과가 천천히 나타나는 마케팅 비용도 필요하다

  브랜드 프로모션은 위와 같은 프로세스를 기대하며 진행되
는 것이다. 그런데 한 번의 프로모션으로 갑자기 브랜드에 대
한 포지셔닝이 형성되며 매출로 연계되길 원하는가? TV 광고

비 수준의 프로모션이 아니고서는 그런 결과를 기대하기 쉽지 않다. (달러 쉐이브 클럽 같이 큰 비용 없이 성공한 케이스가 있으나 그건 정말 드문 케이스다. 그러니 대단한 성공 케이스로 인정받는 것이다.)

한 번의 프로모션 후 포지셔닝이 제대로 됐는지 보려면 사전에 참가자를 모아 설문하고 사후에 다시 동일한 참가자를 모아 측정해야 할 것이다. 당연히 배보다 배꼽이 더 큰 이런 말도 안 되는 리서치를 할 리도 없지만 효율성 측정을 위해 했다고 치면 '아니, 우리 돈 들여 재미있게 해줬는데 그럼 사람들이 나쁘게 평가하겠냐?'라는 핀잔만 듣게 될 것이다.

그런데 효율성을 측정할 수 없다고 매번 할인이나 끼워주기만 할 것인가? 해당 브랜드를 주력 브랜드로 키우고 싶고, 제대로 된 브랜드 포지셔닝을 쌓아가고 싶다면, 브랜드 기반의 프로모션(또는 캠페인)은 필수다. 당장 매출에 영향을 주지 못한다고 효과가 없다는 생각은 접어두는 게 좋다.

피터 드러커는 얘기했다. 측정할 수 없다면 관리할 수 없다고. 자, 그러면 브랜드 프로모션은 측정 불가의 영역으로 두어 관리의 사각지대에 놓자는 것인가? 아니다. 매번 실행 때마다 측정하지 말자는 것일 뿐, 연간으로 또는 일정 기간을 정해 정기적으로 원하는 브랜드 포지셔닝이 타깃 소비자들에게 되고 있는지를 간단한 리서치로 측정하자는 것이다. 앞의 3장에서 얘기한 포지셔닝 체크와 같은 내용이다. (예를 들어, B Milk 하면 연상되는 것은?) 그 결과를 프로모션 집행의 성과 지표로 보는 방법을 고려할 수 있다. 이것 역시 직접적인 연관도는 떨어지지만, 비용과 시간이 중요한 회사에서 실행할 수 있는 가장 간단하고 효과적인 측정 방법일 것이다.

회사 살리는 마케팅 12

문제점 효율 측정을 아무 때나 갖다 붙이려 한다

"ROI가 어떻게 돼?"라는 질문은 아마 회사 생활에 있어 가장 많이 듣는 질문들 중 하나일 것이다. 그러나 이런 류의 질문도 '있어' 보이기 위해 남발하는 경우가 많다. 따라서 상황에 맞게 적용하는 프로세스가 필요하다.

왜냐하면 글 속에서의 브랜드 프로모션과 같이 장기적

인 평가가 필요한 상황임에도 있어 보이기 위해 '억지로' 자료를 갖다 맞추는 작업을 하기 때문이다. 결국 무의미한 페이퍼 작업만 늘어나는 것이다. 이러한 페이퍼 작업은 실제 필요한 업무를 지연시키고 이는 결국 과도한 업무로 돌아오게 된다. 과도한 업무는 결과적으로 모든 작업의 수준을 떨어뜨리는 악순환을 가져온다.

글 속의 마케팅팀은 아무 때나 갖다 붙이는 효율 측정으로 어떤 문제를 겪을까?

가장 큰 문제는 시간 낭비를 하게 된다는 것이다. 남들 눈에는 간단해 보일 수 있는 프로모션도 실제로는 많은 준비가 필요하다. 본인이 부모님의 환갑이나 칠순을 준비한다고 생각해 보자. 우선 적합한 장소를 찾아야 할 것이다. 호텔 식당이 될 수도 있고, 부모님이 좋아하는 음식을 파는 식당이나 또는 환갑잔치에 특화된 식당이 될 수도 있다. 이와 동시에 참석할 사람들의 리스트도 정리해야 한다. 몇 명이 참석하는지 결정되어야 예약을 할 수 있기 때문이다. 그뿐인가? 선물은 뭐로 할지도 결정해야 한다. 자식들끼리 돈을 모아 효도 여행을 보내드릴 수도 있고, 돈으로 드릴 수도 있다. 그리고 여행을 보내드린다면 어디로 할지, 패키지로 결정할지도 생각해 봐야 한다. 이처럼 남들이 봤을 때는 누구나 하는 간단한 행사일지라도 준비하는 사람은 시간과 노력을 들인다.

브랜드 프로모션이라고 다를 것인가. 남들이 봤을 때는 특별한 행사가 아닐지라도 원활한 진행을 위해서는 많은 시간과 노력이 필요하다. 그 시간과 노력을 측정도 잘 되지 않는 의미 없는 효율 분석과 예측에 낭비하고 있는 것이다.

해결책 실제 업무에 필요한 시간을 지켜줘라

현대카드 정태영 부회장은 'Zero PPT(제로 피피티, 발표 자료 최소화 방침)'를 사내에 주창했다. 보고 형식에 들이는 시간 낭비를 줄이고 사업의 본질에 집중하자는 것이다. 이렇게 형식에 들이는 시간을 최소화하는 것도 중요하지만, '있어' 보이기 위한 결과물을 만들어 내는 데 드는 시간을 최소화하는 것도 중요하다. 그는 "파워포인트(PPT) 디자인을 위해서 일하는 건 아니지 않나"고 역설한다. 단순히 '있어' 보이는 보고서를 만들기 위해 담당자들은 실제 '실행 준비에 필요한', 정말 소중한 시간을 의미 없이 낭비할 수 있기 때문이다.

07

사장님에게만
잘 보이는 광고

.

광고 효과가 나타날 때까지 기다려 보라.

우여곡절 끝에 출시된 B Milk가 주요 편의점, 마트에 다 입점했다. 현장 반응은 예상보다는 나쁘지 않아, 평범한 과장은 정말 다행이라고 생각했다.

이번 주 금요일부터는 TV 광고도 예정되어 있어 매출에 한층 탄력이 붙을 것으로 예상되었다. 물론 평범한 과장이 의도한 광고와는 다르게 나왔지만 자신이 만든 제품이 TV 광고에 나온다는 생각만으로도 흐뭇했다.

다만 한 가지 걱정되는 건 장마가 예상보다 조금 길어져 이번 주말에 많은 비가 내린다는 것이었다. 제품이 음료이다 보니, 아무래도 날씨 영향을 많이 받을 수밖에 없는 상황이었다.

주말이 지난 월요일 아침, 사장은 마케팅팀 김아쉽 팀장과 평범한 과장, 영업팀 강돌격 팀장을 찾았다. 사장실에는 연구소 이실세 소장도 함께 있었다.

"평 과장, 광고 잘 시작한 거야? 왜 이렇게 광고가 안 보여. 이 소장, 광고 봤나?"

"메일로 언제 광고 나온다고 해서 처음에 챙겨본 거 외에는 하나도 못 봤어요."

"아니. 지금 들인 돈이 얼만데, 광고 제대로 틀어야지."

"아무래도 저희가 타깃인 20대 초반 여성이 즐겨 보는 프로그램 중심으로 광고를 집행해서 사장님과 소장님한테는 상대적으로 덜 노출된 것 같습니다."

"아니, 아무리 그래도 그렇지. 너무 안 보이잖아. B Milk 주말 매출은 어떻게 됐어?"

"네, 저번 주 대비해서 11% 상승해 2억 9000만 원 찍었습니다. 주말에 장마도 있었고, 광고도 이제 시작한 점을 고려하면 괜찮은 수준입니다. 장마 끝난 다음 주부터는 매출이 더 탄력 받을 것으로 예상합니다."

단숨에 대답을 해나간 평 과장이었다.

"뭐, 2억 9000만 원? 이번 달 예상 매출이 얼마야?"

"네. 10억입니다."

"TV 광고도 시작했는데 매출이 그거 밖에 안 되면 어떻게 해?"

"지금 장마도 내일이면 끝난다고 하고 TV 광고 반응도 괜찮습니다. 또 출시 기념 프로모션도 반응이 좋아 매출 증가가 확실합니다."

"흠…. 알았어. 그렇게까지 얘기하니 기다려보지. 오늘부터 평 과장은 매출 SKU별로, 채널별로 다 쪼개서 보고해. 그리고 광고 좀 잘 보이게 광고대행사랑 플랜 한 번 다시 잘 짜봐. 광고가 잘 보여야 매출이 잘 나오지."

"네, 알겠습니다."

"강돌격 팀장. 올해 이 제품이 우리 회사에서 광고비를 가장 많이 쓰는 제품이란 거 알고 있지?"

"네. 알고 있습니다."

"매출 확실하게 해. 우리 여기서 하반기에 매출 못 나오면, 알지? 우리 지금 다른 제품들 다 하락세야. 여기서 매출 못 챙기면 하반기 다 날아가는 거야."

"네. 최선을 다하겠습니다."

사장실에서 나온 김아섭 팀장은 평범한 과장과 같이 회의실로 향했다.

"평 과장. 패션지 광고 들어가는 거 아직 남았지?"

"네."

"그거 예산 조정해서 사장님 보시는 경제지랑 경제신문에 광고 잡고, 동시에 광고 일자랑 겹치지 않는 일정으로 기획 기사도 같이 진행해 봐. 출시 스토리로 내용 짜면 될 거 같고."

"같은 날 들어가는 게 좋지 않아요?"

"다른 날 들어가야 최대한 많이 하는 것처럼 보이지. 그리고 옥외광고 할 수 있는 데 한 번 알아봐. 회사 근처로. 그 예산은 TV 광고 예산 조정하면 될 거야."

"아, 팀장님. 그렇게까지 꼭 해야 되나요? 타깃들한테 노출도 잘 안 되는데요."

"평 과장. 우리 편하게 가자. 이렇게 하면 적어도 광고 안 보인다는 얘기는 안 나오잖아. 이런 것도 안 하고 혹시라도 나중에 매출 안 나오면 광고 잘못 짜서 그렇다는 얘기 들어."

"네, 알겠습니다. 근데 참 답답하네요."

"이거랑 좀 다른 얘기이긴 하지만, 내가 신입사원일 때 광고 담당하는 과장님이 나한테 한 얘기가 있어. '광고는 매출 나올 때 트는 거야'라고. 그래야 광고 효과가 있다는 소리를 들을 수 있으니까. 어쩔 수 있냐? 우린 회사원인 데…. 그럼 수정 기안부터 진행하고."

"알겠습니다. 팀장님. 오늘 다 알아보겠습니다."

회사 살리는 마케팅 13

문제점 광고만 틀면 매출이 나온다고 생각한다

"그래서, 매출 얼마 나왔어?"

광고가 시작되면 그 다음 날부터 열심히 매출을 묻는 경우가 있다. 회사 입장에서는 큰 비용을 들여 진행한 만큼, 바로 그 결과를 궁금해하는 것도 이해된다. 그러나 광고 효과는 인스턴트 식품이 아니다. 조금 기다려야 하는 것이다.

글 속의 마케팅팀은 광고만 틀면 매출이 나온다는 생각에 어떤 문제를 겪을까?

효율적인 시간 관리를 못하게 됐다. 큰 비용을 들여 광고를 했다면 당연히 매출 분석을 해야 한다. 그리고 그 분석 결과를 바탕으로 전략을 세워야 한다.

문제는 글 속의 경우처럼 광고를 했으니 폭발적인 매출이 나와야 한다고 기대해, 날마다 과도한 매출 분석을 하는 경우다. 예상보다 매출이 나오지 않은 날에는 그 이유를 파악하기 위해 모든 시간을 다 소비한다. 그리고 희망적인 미래를 얘기하는 마지막 멘트를 넣는다. 그렇게 이유를 파악하고 의미 없는 멘트를 넣다 보면 하루가 지나가고, 그렇게 한 주가 순식간에 지나간다.

분석은 최대한 효율적으로 하고, 앞으로의 매출을 위한 액션을 취해야 하는데, 분석과 보고를 위해 시간을 전부 허비하니, 앞으로의 매출을 위해 움직일 시간이 없는 것이다. 결국, 시간을 효율적으로 쓰지 못하는 상황이 발생한다.

광고에 대한 소비자 입장은 어떨까?

마케팅의 아버지라고 불리는 필립 코틀러 교수는 평균적인 사람들은 하루 1500개 이상의 광고에 노출되며, 그 중 70개 이하를 지각하며, 오직 5개에서 10개의 광고만을 기억한다고 했다.

즉, 회사 입장에서 광고 집행은 큰일이지만 소비자 입장에서는 수천 개의 광고들 중 하나가 나온 것일 뿐이다.

해결책 조금만 기다려줘라

"그럼 광고는 할 필요가 없는 것 아닌가?"라고 물을 수 있다. 그럼 이렇게 생각해 보자. 광고를 하지 않는다면 기억에

남는 광고 안에 들어갈 확률마저도 아예 없어지는 것 아닌가? 그리고 잠재 고객들이 해당 제품군을 필요로 하는 시점이라면 그들은 평소보다 더 관심을 갖고 광고를 본다. 차를 바꾸려고 할 때, 차 광고가 눈에 더 잘 들어오는 것과 같은 원리다. 또한 이 광고가 그냥 허공에 사라지는 건 아니다.

이 광고들은 온라인, SNS, 신문기사, 잡지 등의 여러 가지 마케팅 활동과 함께 소비자의 잠재의식 속으로 파고들어 효과를 나타낼 것이다. 그러니 그때까지 약간의 여유를 갖고 기다려라. '약간의' 여유는 '과도한' 수준의 결과 확인에 드는 시간 낭비를 막아줄 것이며, 그렇게 생긴 소중한 시간은 직원들이 실무에 집중할 시간을 확보하게 해 줄 것이다. 이는 곧 더 좋은 성과로 이어질 것이다.

회사 살리는 마케팅 14

문제점 직원의 업무 능력을 항상 의심한다

앞에서도 외부 직원들은 신뢰하고 자신의 직원을 신뢰하지 않는 부분에 대해 얘기했다. 같은 맥락이지만 외부 직원들과 대비되는 것 외에도 회사 내부 관점에서도 한 번 짚어야 할 필요가 있어 여기 다시 언급한다.

"광고 안 보이던데?"

기업에서 광고를 집행하면 종종 듣게 되는 얘기가 있다. 광고가 잘 안 보인다고 말이다. 소비자 타깃이 그런 얘기를 하면 문제가 되지만 주로 타깃이 아닌 사람들이 그렇게 얘기하는 경우가 많다. 본인들이 보는 프로그램에는 광고를 집행하지 않으니 당연한 결과다.

생각해 보라. 광고가 타깃 소비자가 아닌 본인에게 자주 보이면, 그게 오히려 광고 집행을 잘못하고 있는 것 아니겠는가? 중요한 건, 해당 질문의 기저에는 담당자에 대한 불신이 깔려 있다. '과연 일을 제대로 하고 있는 것인가? 회사의 소중한 돈을 함부로 쓰고 있지 않은가?' 하는 의심을 갖고 있는 것이다.

글 속의 마케팅팀은 광고가 제대로 보이지 않는다는 지적에 어떤 문제를 겪었을까?

(타깃 소비자에게) 효율적이라고 판단한 광고 구성을 잃었다.

원래 예정돼 있지 않은 광고 매체에 돈을 쓰게 된 것이다. 한 푼이라도 허투루 쓰는 것을 금기시하는 회사에서 이런 비용 낭비가 또 있을까?

해결책 업무의 결과가 회사의 생사에 바로 영향을 미치는 게 아니라면 한 번 믿어 봐라

자신의 능력이나 태도를 의심받고 있다고 생각하는 직원보다 자신을 믿어 주고 지원해 주는 상사 밑에서 일하는 직원들이 더 큰 능력을 발휘할 수 있다.

특히, 마케팅 부서를 지원해서 일하는 사람들의 경우, 제품이건, 프로모션이건 무엇인가를 만들어 내고 싶어하는 사람들이 많다. 무엇인가를 만들어 낸다는 건 당연히 실패라는 위험도 갖고 있는 것이다. 그런 사람들에게 지속적으로 '잘하고 있는 거 맞아?'라는 의심은 시도 자체를 막게 하고 결과적으로 그저 그런 제품과 프로모션만 만들어 내게 한다. **적어도 일을 진행하는 동안만큼이라도 의심으로 직원들의 사기를 꺾지 말자.**

어차피 모든 일의 결과는 나오게 마련이다. 잘하고 못하고는 그때 가서 평가해도 된다.

몸치 CEO, 비닛 나야르

인도의 세계적인 IT기업이자 직원 우선 주의, 즉 'Employee First, Customers Second'라는 독특한 정책을 내세우고 있는 HCL 테크놀로지. 이 HCL의 CEO인 비닛 나야르는 직원들을 의심의 대상이 아닌 진정한 파트너로 보고 그들의 참여를 이끌어 내기 위해 한 것이 있다. 바로 춤이다.

한 기업의 CEO가 왜 직원들 앞에서 춤을 추기 시작한 것일까?

비닛 나야르는 디렉션(Direction)이라고 불리는 회의를 진행하는 데, 이는 현장에서 일하는 직원들과의 회의다. 현장 직원 수천 명이 이 회의를 위해 모이는데, 비닛 나야르는 이런 자리에서 근엄한 얼굴을 하고 서있는 CEO 앞에서 회사의 상황을 솔직히 얘기해 줄 사람은 없다고 생각했다. 그래서 비닛 나야르는 직원들 앞에 서서 춤을 추기 시작했다. 전문 댄서의 춤이 아닌 그냥 춤이다. 연단을 내려가 직원들과도 함께 춘다. 이렇게 망가진 CEO 앞에서 직원들은 더 솔직한 의견을 낼 수 있게 된 것이다.

본인이 망가지더라도 직원의 진솔한 의견이 더 필요하다고 판단한 CEO. 이런 CEO를 위해서라면 뭐라도 하나 더 하고 싶지 않겠는가.

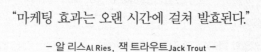

"마케팅 효과는 오랜 시간에 걸쳐 발효된다."

— 알 리스Al Ries, 잭 트라우트Jack Trout —

08

회사 기본 마진도
못 지키는데 무슨…

•

회사 성장을 위해서는 유연한 기준 설정이 필요하다.

"김 팀장, 꼬꼬마 주스 패키지를 과일 모양으로 만든다며? 그게 무슨 의미가 있지?"

월요일 아침, 연구소 이실세 소장은 연구소가 아닌 본사로 출근해 김아쉽 팀장의 자리로 찾아와 질문했다.

"아, 소장님. 저희도 그 건으로 추가 미팅을 했습니다. 그냥 과일 모양으로만 하는 건 유아 시장에서 큰 의미가 없을 것 같아 과일 모양 패키지 안에 아이들이 좋아할 수 있는 미니 장난감 또는 봉제 인형을 같이 넣기로 했습니다. 랜덤으로 뽑을 수 있게요. 그러나 3세 정도까지는 아이들이 장난감을 먹을 수도 있으니 장난감을 넣지 않는 대신 그만큼 미니 사이즈의 패키지로 만들고요. 그 이상 연령에서는 장난감을 넣어서 진행하려고 합니다."

"아니. 그러니까 그게 무슨 의미가 있냐구."

"현재 경쟁사와 차별화 포인트로 가져갈 수 있는 유일한 부분이 감성적인 포인트라서요. 최근 유행하는 초콜릿도 장난감을 랜덤으로 넣어 큰 반향을 일으키고 있고요. 이런 부분을 잘 활용하면 경쟁사에 뺏긴 시장을 충분히 우리 쪽으로 끌고 올 수 있습니다."

"아 참. 김 팀장. 엄마들은 그런 거에 움직이지 않아. 좋은 원료, 안전한 원료, 믿을 수 있는 품질 이런 거에 움직인다고."

"소장님. 틀린 말씀은 아닌데, 그건 경쟁사들도 다 얘기하는 거라서요. 저희가 아무런 차별화도 가져갈 수 없습니다."

"아니, 그걸 소비자들한테 잘 전달하는 게 마케팅이 할 일이지, 뭐가 마케팅이 할 일이야. 제품 잘 만들어 주면 뭘 하나. 소비자한테 전달이 안 되는데, 전달이."

이실세 소장은 거침없이 김아쉽 팀장을 몰아붙였다.

"아…, 소장님. 그래도."

"그리고 이거 가격 얼마야?"

"지금 개당 1900원 선으로 예상하고 있습니다."

"비싼데, 그럼 매출 총이익률은 어떻게 돼나? 신제품 기준 35%에 맞출 수 있는 거야?"

"지금 예상은 30% 정도인데 최대한 맞추려고 하고 있습니다."

"아니, 김 팀장. 회사 기본 마진도 못 지키는데 무슨 제품 출시를 한다고 하고 있어. 잔말 말고 원래대로 패키지 돌리고, 원료 강조해! 패키지 원래대로 돌리면 마진도 남을 거 같구만."

"소장님. 이건 단순히 제품 마진으로 보실 건 아닙니다. 말씀하신 대로, 원래대로 돌리면 그냥 평범한 제품 하나 더 나오는 겁니다. 시장에 아무런 영향도 줄 수 없는 제품이요. 지금 패키지 비용이 높아 마진은 기준보다 낮을 수 있지만 그만큼 시장에서 먹힐 수 있는 제품이라 회사 매출에 기여할 수 있습니다. 그리고 지속적으로 생산량이 늘면 원·부자재 비용도 낮아질 거고 당연히 마진도 더 가져갈 수 있습니다."

"그래서 이거 안 팔리면 니가 다 책임질 거야? 어? 회사 혼자 다녀? 똑바로 해라. 똑바로. 얼른 자료 다시 만들고, 다음 주 신제품 보고 회의 때 어떻게 하는지 한번 보겠어."

이 모든 상황을 지켜보고 있던 평범한 과장은 속이 쓰렸다. 선대 회장의 총애를 받았던 김아섭 팀장을 이실세 소장은 눈엣가시처럼 여겼다고 한다. 그렇기에 회장님이 돌아가신 후, 무슨 일만 있으면 김아섭 팀장을 잡아먹을 듯이 몰아쳤다. 이실세 소장의 영향력은 더욱 커졌고 현재는 명실공히 회사 2인자이기에 누구도 쉽게 대적할 수 없었다. 회사 내에서는 경영 기획과 인사 등을 총괄하고 있는 상무만이 대적할 만한 인물이었다. 김아섭 팀장은 상무가 마케팅 부서도 총괄하길 바랐지만 평소 김아섭 팀장을 아꼈던 상무는 김아섭 팀장이 임원으로 승진하길 바라는 마음과 함께 본인 분야가 아니라며 거절했다. 그래서 마케팅 임원 자리는 3년째 공석인 상태다. 최근 2년 동안 김아섭 팀장의 임원 승진이 유력했으나, 이 소장의 방해로 임원이 되지 못했다는 진실에 가까운 소문이 회사 내에서는 다 알려져 있었다.

적어도 김아섭 팀장이 임원 승진을 해서 '이사'라는 타이틀을 갖고 있었다면, 이런 일방적인 통보가 아니라 약간의 대화를 통해서나마 답이 나왔을 거라고 평 과장은 생각했다.

회사 살리는 마케팅 15

문제점 조직 간 힘의 균형이 맞지 않는다

"견제와 균형을 위해 리더는 언제나 두 명으로 한다."

이 원칙은 스웨덴 국내 총생산의 30%를 차지하고, 주식 시장의 시가 총액 40%를 차지하는 14개의 대기업을 소유한 단 하나의 가문, 발렌베리 가문의 후계자 선정 원칙이다.

보통 한 명으로 설정된 리더의 자리에 두 명을 둔다는 건, 견제와 균형을 통해서만 올바른 성장이 가능하다고 판단했기 때문이리라.

자, 다시 일반 기업으로 눈을 돌려보자. 일반적으로 결정을 내리는 최고경영자의 포지션은 한 명으로 둔다. 그렇기에 최고경영자가 아닌 그 밑에서 균형 잡힌 제안이 이뤄져야 한다. 즉, 부서 간의 견제와 균형을 통해 최고경영자에게 균형 잡힌 제안이 전달되어야 올바른 결정에 도움될 수 있다. 물론 회사마다 영향력이 강한 부서는 있기 마련이다. 단순히 영향력이 강할 뿐이면 다행이나, 김아쉽 팀장과 이실세 소장의 경우처럼 어느 부서는 임원이 있고 어느 부서는 임원이 없는, 구조적으로 힘의 차이가 나는 조직 구성도 있다. 문제는 이런 경우다.

임원이 있는 부서는 없는 부서를 힘이나 직급으로 누르는 경우들이 있다. 서로 토론을 거쳐 합당한 결론을 이끌어 내도 부족한 판에, 본인이 하고 싶은 대로 직급의 힘으로 누른다면 최종 결정을 내려야 하는 최고경영자에게 올바른 정보와 방향을 제시할 수 있을까?

글 속의 마케팅팀은 조직간 힘의 불균형으로 어떤 문제를 겪을까?

방향성에 문제를 겪을 것이다. 마케팅 부서는 무엇인가를 만들어 내야 하는 부서다. 가만히 돌아가는 시스템에서 무엇인가를 만들어 내니 다른 부서에서는 일을 만들어 내는 마케팅 부서의 활동을 좋아할 리 없다. 가뜩이나 다른 팀에서는 마케팅팀이 만들어 내는 일이 귀찮게 느껴질 텐데 부서간 파워게임에서도 밀리면 새로운 것이 나올 수가 없다. **새로운 것이 못 나온다는 건, 회사가 차별화된 브랜드, 제품을 갖고 성장할 기회가 사라진다는 얘기다.**

이렇게 당신 회사에 구조 자체가 힘의 불균형을 보이는 경우가 있다면, 빨리 힘의 균형을 조정해 주길 바란다. 적어도 견제와 균형이 실행될 수 있는 '기본 구조'는 갖춰줘야 하지 않겠는가. 그렇다고 마케팅 부서의 힘이 더 강해야 한다는 건 아니다. 마케팅 부서의 행동들도 다 맞는 건 아니기 때문이다. 같은 위치에서, 그러나 다양한 관점에서 보면 수많은 좋은 전략과 아이디어들이 더 많이 나올 수 있다. **적어도 '계급'에 의해 묻히는 전략과 아이디어는 없애자는 것이다.**

회사 살리는 마케팅 16

문제점 기존 기준에만 집착한다

제품 출시 시, 일반적으로 회사에서 정한 기본 매출 총이익률이 있을 것이다. 해당 이익률은 당연히 회사의 기본적인 운영을 위해 꼭 필요하다. 그러나 **모든 상황에 일관된 이익률을**

적용한다면 회사의 방향성은 상당히 제한될 수밖에 없다.

해결책 유연한 기준 설정이 필요하다

일관된 마진 구조 하에서 회사는 경직된 운영을 한다. 즉, 치열한 경쟁 상황에서 유연한 대응을 못한다는 얘기다. 3장의 '브랜드 포트폴리오 구조'에서도 얘기했지만, 회사의 성장과 시장 장악을 위해서는 유연한 기준이 필요하다. 지금 당장의 마진이 중요한지, 미래에 회사가 지속적으로 성장하는 게 중요한지, 잘 생각해 보기를 바란다.

"동일한 이익 구조만을 주장한다는 건, 가격이라는

무기를 포기하겠다는 것과 똑같다."

09

주인의식을 갖고
일하란 말이야

•

책임은 권한과 함께 주어져야 한다.

"내가 오늘 첩보를 입수했는데, 사장님 기분이 안 좋으시다니 다 같이 조심하자. 왠지 오늘은 커피 건으로 내가 타깃이 될 거 같은 불안한 느낌이 들지만…"

김아쉽 팀장은 회의에 들어가기 전, 사장의 분위기를 전달했다. 불안한 마음으로 회의에 들어간 평 과장은 본인 보고를 빨리 마쳐야겠다는 생각만 했다.

회사 전 제품에 대한 '원가절감 보고'를 담당한 평 과장은 자기 차례가 오자 재빨리 앞으로 나가 보고를 시작했다.

"원가절감 결과 보고를 드리겠습니다. 지난 달까지 원가절감 미팅을 통해 발생한 절감액은 1억 2000만 원 수준입니다. 이는 전년 동기간 대비 12% 상승한 수치입니다.
현재 원가절감에 가장 크게 기여한 개선 사항은….”

“평 과장, 그래서 이번 달 아이디어들은 뭔지 봐봐.”

“네. 이번 달 안건은 화면에서 보시는 바와 같습니다.”

“뭐야, 아이디어가 3개밖에 안 돼?”

“사장님, 이번 달이 수는 적어도 기여도가 높은….”

“평 과장, 자꾸 변명하지 마.”

사장은 평 과장의 말을 자르며 소리 질렀다.

“지금 여기 있는 여러분들 말야. 회사를 뭐라고 생각하
는지 모르겠어. 어? 주인의식을 갖고 일하란 말이야. 내
회사라고 생각하면 저렇게 하겠어? 회의가 있으니까 형식
적으로, 의무감으로 참여를 하니 아이디어가 안 나오지.
주인의식을 갖고 일하다 보면 좋은 아이디어가 번쩍번쩍
나온단 말이야. 그러면서 회사가 히트제품도 내고, 손익도
좋아지면서 성장하는 거야.”

짧은 침묵이 흘렀다.

“열정을 갖고 일해도 잘 될까 말까야. 알겠어? 앞으로
지켜보겠어.”

"예, 다음부터 개선하도록 하겠습니다."

평 과장은 보고를 이어가기 위해 다시 자세를 잡았다.

"맞다. 잠깐만. 평 과장, B Milk 프로모션 장소 말야. 왜 대학교 위주로 잡았나?"

"네, 사장님. 해당 장소가 타깃 고객 하고도 잘 맞고, 공연도 편안히 즐길 수 있는 곳이라 잡았습니다. 그리고 진행 전 보고도 드렸습니다."

"평 과장, 그게 맞는 결정이야? 강남이나, 명동 같은 장소에서 해야 될 거 아냐."

"저, 사장님. 대학교가 더 타깃 고객들이 집중된 곳이고, 프로모션 참여한 고객들 반응도…."

"하여튼, 일을 제대로 하는 놈들이 한 놈도 없어. 강남 같은 데서 해야지 더 많은 사람들이 볼 거 아냐. 그렇게 생각이 없어?"

사장은 주위를 둘러보며 말을 이었다.

"모두 앞으로 이런 거 보고할 때, 어물쩍 넘어가듯이 보고하지 말고 제대로 보고해."

평 과장은 남은 보고를 얼른 마무리하고 자리로 돌아

왔다. 그리고 속으로 생각했다.

'아니, 담당자 판단으로 프로모션 장소 하나 결정 못하나. 타깃 고객이 제일 많이 모인 곳에서 했는데…. 맨날 자기 맘대로 하고, 안되면 다 담당 탓이고. 판단한 대로 할 수 있는 건 없고, 시킨 대로 한 건 다 책임까지 져야 하고. 이래 놓고 주인의식은 무슨, 그럼 주인의식이 생기게 해 주든지. 매번 우리보고 주인의식을 가지라고만 하고, 가지게 해 줄 환경은 안 만들어 주고. 참 나.'

불만이 폭발한 평 과장은 속으로 화를 삭이고 있었다.

뒤이어 신제품, 리뉴얼 제품의 매출과 진행 상황 보고가 이어졌다.

발표 도중 사장은 갑자기 질문을 시작했다.

"지금 커피는 누가 담당하고 있지?"

"네, 현재 전 담당자 퇴사라 임시로 김아쉽 팀장이 하고 있습니다."

"김 팀장. 프리미엄 커피 출시 지시한 건 어떻게 됐어?"

"네, 사장님. 지금 제품 개발 진행하고 있습니다."

"김 팀장. 너무 느려. 지금 경쟁사들은 프리미엄 제품으로 다 재미 보고 있는데 우린 뭐 하는 거야. 시장 규모가 1200억 원이 다 되간다잖아."

'아니, 지금 김 팀장님이 맡고 있는 일이 얼마나 많은데 사장님은 무슨 얘기를 하는 거지. 신사업 기획 같은 회사 중요 프로젝트는 다 맡겨 놓으시고서는.'

평 과장은 사장이 너무 한다고 생각했다.

"예, 빨리 하겠습니다."

"그거 원두 종류별로 제품 만들라고 가이드도 다 줬잖아. 총 몇 종 할 거야?"

"3종으로 보고 있습니다."

"브랜드는 '꿈꾸는 커피'('꿈꾸는 식품'의 저가 컵 커피 브랜드) 프리미엄'이나 '꿈꾸는 커피 노블' 뭐 이런 걸로 하라고. 얼른 진행해."

"네. 알겠습니다."

김 팀장의 표정은 좋지 않았다. 정신없던 회의 시간이 끝난 후, '주인의식'은 갖지 못한 채, 다시 정신없는 업무 속으로 다들 돌아갔다.

다음 날, 사장 방에서 나온 김 팀장은 답답한 듯이 길게 한숨을 내쉬었다.

"나 차장, 평 과장, 우리 커피나 한 잔 하러 가자."

"네. 그러시죠."

커피를 받아 든 김 팀장은 얘기를 시작했다.

"방금 전 사장님 방에서 프리미엄 커피 브랜드로 '꿈꾸는 커피' 아닌 다른 브랜드로 가자고 했다가, 욕 바가지로 먹고 나왔다. 왜 좋은 브랜드 놔두고 굳이 딴 걸 쓰냐고. 아니, 천 원짜리 커피랑 프리미엄 커피랑 브랜드를 같이 쓰는 게 말이 되냐. 그랜저급 제품에 아반떼 프리미엄이라고 브랜드 붙이면 그게 뭐냐고. 그랬다가는 아반떼 브랜드도 이도 저도 아닌 게 되고, 그랜저급 찾는 소비자는 관심도 안 둘 텐데. 프리미엄 시장도 더 커질 거고 경쟁사도 다 개별 브랜드[1]로 재미 보고 있는 상황인데."

"그러니까요."

---

1) 개별 브랜드: 라인 브랜드(line brand)라고도 한다. P&G, 유니레버, LG생활건강 등 주로 생활용품을 판매하는 기업에서 많이 사용하며, 단일 제품군 내에서 여러 개의 브랜드를 사용하거나 하나의 브랜드만 사용하기도 한다. 개별 브랜드를 사용하는 가장 큰 이유는 신제품을 출시하였을 때 이미 알려진 기업명이나 공동 브랜드명을 사용하는 것보다 제품을 차별화시키기가 유리하며, 제품의 속성이나 특징을 잘 나타내어 각 브랜드의 이미지를 소비자에게 쉽게 전달할 수 있기 때문이다. 《두산백과》 참조)

평 과장도 답답한 표정을 지으며 답했다.

"답답하다. 권한은 없고 책임만 있으니."

셋 사이에 잠시 침묵이 돌았다.

"이거 또 안되면 신나게 깨지겠구나. 하아…. 미안. 바쁜 사람들 데리고 쓸데없는 푸념했네. 얼른 들어가자."

"괜찮습니다. 팀장님."

세 명 모두 빠른 걸음으로 다시 사무실로 향했다.

회사 살리는 마케팅 17

문제점 기존 브랜드를 너무 쉽게 활용한다

글 속의 마케팅팀은 기존 브랜드인 '꿈꾸는 커피'의 활용으로 어떤 문제를 겪을까?

프리미엄 시장에서 기회를 잃을 것이다. 도요타는 왜 6년이란 시간 동안 1조 원에 가까운 돈을 들여 프리미엄 브랜드인 '렉서스'를 만들어 냈을까? 바로 기존 '도요타' 브랜드가 미국 소비자들에게 중저가로 인식되었기 때문이다. 도요타라는 차를 만드는 '회사'는 같지만 전혀 새로운 브랜드인 '렉서스'를 따로 출시했다는 건 브랜드의 중요성을 잘 보여주는 사례다.

글 속에서는 저가 브랜드를 무리하게 고가 브랜드로 확장하려 했다. 도요타가 렉서스가 아닌 '도요타 프리미엄'이라는 브랜드로 프리미엄 시장에 진출하려는 것과 같은 상황이다. 이럴 경우 기존 브랜드의 정체성도 흔들린다. 그리고 새로운 시장의 진출은 노력 대비 성과를 보지 못할 것이다.

[해결책] 고객을 먼저 살펴보고 브랜드 방향을 정해라

그렇다고 기존 브랜드를 활용하는 브랜드 확장[2] 선택이 나쁜 것만은 아니다. 브랜드 활용은 여러 가지 상황을 고려해야 하고, 여러 가지 방법들 또한 얘기되어 왔다. 여기서는 소비자 인식과 시장 그리고 비용을 고려한 브랜드 운영 방법에 대해 얘기하고자 한다.

흔히 브랜드 확장에 관해서 주로 나오는 얘기는 다음과 같다.

기존 브랜드의 정체성이 약화되는 건 아닐지, 알려진 기존 브랜드를 활용하여 더 효율적으로 운영할 수 있지 않을지….

위의 관점들 다 맞는 말이기에 확장 여부를 판단할 만한 근거가 필요하다. 그 근거를 찾기 위해 다음 세 가지 관점을 제안한다.

브랜드 확장 시 유념해야 할 세 가지로는 소비자 인식, 예상 시장 규모, 투자 비용이 있다.

---

2) 브랜드 확장: 신제품에 기존 브랜드를 연결시켜 소비자가 쉽게 접근할 수 있도록 하는 브랜드 관리 전략. 《두산백과》 참조)

1. 소비자 인식

확장하려는 기존 브랜드에 대한 소비자 인식을 가장 먼저 파악하라는 뜻이다.

LG전자 매트리스?

같은 가전제품을 주요 품목으로 취급하지만 '렌탈'로 인식된 '코웨이' 브랜드는 '매트리스' 시장으로 확장이 가능했다. 하지만 '전자'로 인식된 'LG전자' 브랜드가 매트리스 시장으로 확장하는 건 어떨까? 전자제품을 깔고 자고 싶을까?

만약에 지오다노가 '지오다노 프리미엄'이란 브랜드로 빈폴, 헤지스 등과 비슷한 가격의 제품을 론칭한다면 소비자들은 어느 브랜드를 선택할까?

확장하려는 브랜드에 대한 소비자 인식이 진출하려는 시장의 정체성과 맞는지부터 확인할 필요가 여기에서 생긴다.

소비자 인식이 진출 시장과 맞지 않는다면 브랜드 확장은 포기하라. 잘못 확장했다가 기존 브랜드의 정체성만 타격 입을 수 있다.

확장하려는 브랜드가 해당 시장에 대한 인식과 맞지 않아도 광고비를 많이 그리고 꾸준히 투자한다면 해당 시장에 자리 잡는 경우가 생길 수도 있다. 그러나, 그 정도의 비용을 투자할 마음이라면 신규 브랜드를 출시하는 게 더 효율적일 것이다.

2. 예상 시장 규모

기존 브랜드에 대한 소비자 인식이 진출하려는 시장과 맞는다면 그 시장 규모를 고려하라. 예상 시장 규모가 크다면 회사 내 투자 가능 비용도 따져봐야 한다.

시장 규모가 작다면 기존 브랜드 확장이 더 적합하다. 또한, 이때는 경쟁사들이 해당 시장에 신규 브랜드 전략을 활용하는지 브랜드 확장 전략을 활용하는지 참고하라. 그들의 예상 시장 규모를 추정할 수 있다.

3. 투자 비용

신규 브랜드를 운영하면 신규 브랜드만이 갖고 있는 새로운 컨셉을 활용할 수 있는 장점이 있다. 그러나 새로운 브랜드를 알리는 데 비용이 필요하다. 따라서 비용이 충분하지 않다면, 기존 브랜드 활용을 하라.

비용이 충분하다면 이제는 선택의 문제다. 신규 브랜드의 새로운 컨셉을 활용할 것인지, 기존 브랜드로 효율성을 추구할 것인지 말이다.

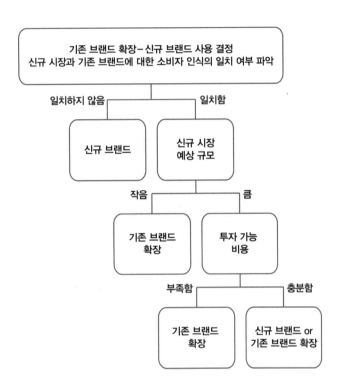

실패 박물관에 전시된 냉동 라자냐

스웨덴 헬싱보리에 있는 실패 박물관(The Museum of Failure)에는 냉동 라자냐가 전시되어 있다. 이 라자냐는 바로 세계적인 치약 브랜드인 콜게이트가 1982년, 자신들의 브랜드 파워만 믿고 출시한 냉동식품이다. 콜게이트라는 브랜드 자체가 잘 알려져 있으니, 소비자들은 콜게이트가 만든 라자냐를 선택할 것이고, 라자냐를 먹은 후엔 콜게이트 치약으로 이를 닦을 것이라 생각했을 것이다. '콜게이트 = 치약'이지 식품이 아니다. 치약을 먹고 싶은 소비자가 얼마나 있겠는가. 신규 시장(냉동식품)과 소비자 인식(치약)부터가 일치하지 않는다.

회사 살리는 마케팅 18

문제점 책임은 있다. 그러나 권한은 없다

책임만 있고 권한은 없다면 주인의식이 생길 수 있을까? 이런 환경에서 일하고 싶은 사람이 얼마나 될까? 그러나 불행히도 대부분의 마케터는 이런 상황에서 일하고 있지 않을까 생각한다. 결정은 위에서 하나 그 모든 책임은 본인이 전부 져야 하는 상황 말이다. 당연히 결정은 사업에 대한 이해 능력이 뛰어난 상부에서 행해지는 게 맞다. 그렇다면 그 책임은 어떻게 되는 것인가. 결과가 좋으면 의사결정이 뛰어난 덕분이고, 결과가 나쁘면 실행이 잘못된 것이라는 상황이 반복되다 보면 당연히 주도적으로 일을 처리하고 싶은 의욕은 다 사라지게 마련이다. 그런 사람에게 주인의식을 요구하는 것 자체가 무리 아닐까?

물론 실행이 잘못되어 실패하는 경우도 상당수다. 그러나 어떠한 일이 실패했을 때, 그 문제가 항상 실행에만 있을지는 한 번 생각해 볼 필요가 있다.

글 속의 마케팅팀은 작은 권한마저도 없어진 이 상황에 어떤 문제를 겪을까?

업무 진행 속도를 잃었다. 마케팅팀은 이제 모든 걸 하나하나 다 확인받아야 하는 상황이 됐다. 마케팅팀의 업무 진행 속도는 당연히 떨어질 수밖에 없다. 특히, 혼자서 아무 것도 할 수 없다는 생각이 자리 잡으면 더 이상 그 직원의 잠재력은 살릴 수 없다. 직원의 잠재력을 활용하지 못하는 것. 이 얼마나 안타까운 상황인가.

해결책 책임은 권한과 함께 줘라

인사 컨설팅 업체인 타워스왓슨 인사관리 부문의 줄리 게바

우어 대표는 '권한 부여는 직원 스스로 스트레스를 관리하기 쉽게 해주면서 업무에 더욱 몰입하게 하는 강력한 동인(動因)'이라고 얘기했다.

아마 앞의 글과 같은 상황에서 대표가 '브랜드의 방향성에 대한 책임은 다 내가 지겠다. 당신에겐 그 실행에 필요한 권한과 책임을 줄 테니 실행에만 신경 써달라'는 (현실에서는 거의 들을 수 없는) 말 한마디가 있었다면 김아쉽 팀장도 브랜드 운영에 대한 고민 없이 흔쾌히 움직였을 것이다. **책임을 지기 위해서는 권한도 함께 필요하다.** 권한과 책임이 최대한 같이 움직일 수 있도록 해야 한다.

"제품이나 서비스를 정의하는 건 고객이지,

결코 마케터가 아니다."

— 피터 드러커Peter Drucker —

10

준비, 발사, 조준!

●

인력 확보는 꼭 필요하다.

"팀장님. 이거 결재해 주셔야 하는데요."

급하게 나가는 김 팀장을 평범한 과장이 잡았다.

"나 지금 미팅 많이 늦어서 다녀와서 할게."

"팀장님. 계속 출장 중이셔서 그 동안 기안을 못 받았습니다. 이거 전에 보고드린 프로모션 진행 건이에요. 오늘은 결재해 주셔야 일정 맞춰 진행할 수 있어서요."

"아, 다음 달부터 진행하는 거지. 알았어. 펜 줘봐."

얼른 결재한 김아쉽 팀장은 바람같이 사라졌다.

저녁 9시, 퇴근 준비를 하던 평범한 과장은 사무실로

들어오는 김아섭 팀장과 마주쳤다.

"어, 팀장님. 왜 다시 사무실로 오셨어요?"

"왜 아직도 퇴근 안 하고 있어."

"전 이제 퇴근하려고요."

"난 커피 신제품 진행 사항 내일 아침에 보고해야 돼서. 알잖아, 저번 주에 한 소리 들은 거."

"오늘은 무슨 미팅하고 오신 거예요?"

"응. 미래식[1] 미팅. 다행히 보고서는 경영기획팀 강 과장이 쓰는 걸로 마무리했어. 그 보고서까지 썼다간 밤샐 뻔했지."

"아. 그거 사장님이 우리 회사 미래라고, 엄청 푸시하고 계신 거잖아요. 팀장님, 제가 뭐 도와드릴 건 없습니까? 그러다 쓰러지실 거 같아요. 커피 신제품에, 신규 사업에, 팀장님 원래 업무까지…."

"됐네요. 가서 애기 얼굴 봐야지. 애기 100일도 안 된 사람이 무슨. 얼른 가봐. 전화 오는 거 와이프 아나?"

---

1) 미래식: 파우더 형태의 식사 대용식. 식사 시간을 줄여줌과 동시에 필요한 영양분도 채울 수 있다.

"아…. 그렇네요. 아이 참, 죄송합니다. 도움도 못 드리고…."

"쓸데없는 소리 말고, 얼른 들어가."

다음 날, 신사업 관련 보고는 오후 늦게 진행됐다. 경영기획팀 강 과장의 브리핑이 있은 후, 방향성에 대한 짧은 토의가 이뤄졌고 회의가 끝날 때쯤, 갑자기 사장은 얘기를 시작했다.

"우리 지난달에 들었던 김 교수 특강 다들 기억하나? 난 말이야, 거기서 '준비-발사-조준' 이론[2]이 가장 인상 깊었어. 난 여태까지 '준비-조준-발사'만 생각했거든. 발사 먼저 하고 거기서 발생하는 시행착오를 최대한 조정하는 방안 말이야. 강의 듣고 곰곰이 생각해 보니 괜찮은 전략 같더라고. 다들 어떻게 생각하나?"

회의실에는 다들 그렇게 생각한다는 얘기가 나왔다.

"그래, 그래. 그러면 김 팀장하고 강 과장은 이번 미래식

---

2) 준비-발사-조준 이론: 베스트셀러 《초우량 기업의 조건》 저자인 톰 피터스가 제시한 이론으로 일반적인 '준비-조준-발사'식 경영에서 벗어나, 조준보다 발사를 먼저 해 타깃에서 벗어난 정도를 파악한 다음, 다시 정확하게 조준하는 것이 기업 운영에 더 효율적일 수 있다는 이론이다.

프로젝트를 완벽한 론칭이 아니라 실행하고 조정한다는 마인드로 진행하라고."

"네. 알겠습니다."

강 과장과 김 팀장은 서로 눈빛을 교환하며 복잡한 표정을 지었다. 회의가 끝난 후, 강 과장은 김 팀장 옆으로 다가왔다.

"조정한다는 마인드는 좋은데, 회의 중에 미래식 생산 업체에서 예상 물량이 많지 않다고 생산 안 하고 싶다는 분위기로 메일이 왔네요."

"응. 나도 메일 봤어. 뭐, 얘기해 봐야지. 그래도 사장님이 분위기는 편안하게 만들어 주셨으니, 다행이지. 아, 상무님."

김 팀장은 지나가는 상무에게 재빨리 다가갔다.

"상무님, 저희 저번에 면접 본 사람은 어떻게 됐나요?"

"아…, 그 사람. 그 사람은 사장님 마음에 안 든다고. 안 됐어."

"아니, 그만한 사람 찾기도 힘든데요."

"스펙이 마음에 안 드신다고. 안 그래도 마케팅팀 인력 부족한지 오래 됐다고 말씀드렸는데 제대로 된 사람 뽑는 게 더 중요하다고 하시네."

"아…. 알겠습니다."

"내가 안 그래도 빨리 알아보라고 지시해 놨어. 지금 김 팀장 일 많은 거야 회사 사람들이 다 아는데. 조금만 더 버텨봐."

"네. 감사합니다. 상무님."

"그래. 수고."

그나마 상무님 같은 사람이 있어 다행이라고 생각한 김 팀장이었다. 오늘도 야근을 예약한 김 팀장은 강 과장과 함께 저녁을 먹으러 나갔다.

회사 살리는 마케팅 19

문제점 기존 인력으로 모든 걸 다 해결하려 한다

피터 드러커는 기존 조직을 통해 혁신 프로젝트를 실행할 때마다 실패를 경험하곤 했다고 얘기했다. 기존 조직은 기존 사업에 우선순위를 둔 조직이기 때문에 혁신, 즉 새로운 사업에 제대로 기여할 수 없다는 것이다.

글 속의 마케팅팀은 기존 인력의 무리한 활용으로 어떤 문제를 겪고 있을까?

인력의 효율적 배분을 잃었다. 마케팅팀은 김아쉽 팀장의 능력이 여러 곳에 배분됨에 따라, 기존 브랜드의 성장(매출 포함)이 더뎌지게 됐다. 이 영향은 당장 눈에 보이지는 않는다. 그러나, 분기가 지나고 1년이 지나면 신경 쓰지 못했던 기간의 영향이 나타날 것이다. 신제품 준비가 늦어져 제때에 신제품이 나오지 못하거나, 제품 라인 확장(기존 음료의 새로운 맛 출시 등)이 늦어져 매출 확장에 기여를 못하거나, 시즌에 맞는 프로모션 준비가 늦어져 매출과 인지도 상승에 문제를 발생시킬 수도 있다.

해결책 **충원은 꼭 필요하다**

신규 사업을 위해 회사의 상황을 잘 아는 기존 인력이 필요하다면, 그의 업무를 백업해 줄 수 있는 인력을 확보하라.

회사의 신규 사업 검토는 회사 생존에 있어 필수 요소다. 당장 신규 사업을 하지 않더라도, 항상 새로운 기회와 트렌드를 찾다 보면 회사가 성장한다는 보장은 없어도 뒤처질 확률은 확실히 줄일 수 있기 때문이다.

피터 드러커는 기존 사업에 우선순위를 두는 문제 때문에 혁신(새로운 사업)을 기존 조직에 맡기지 말라고 했다. 해당 이유 외에도, 인력 관점에서도, 오로지 신규 사업만을 담당하는 사람이 필요하다. 기존 업무를 담당하는 사람은 이미 기존 업무로 시간이 꽉 차 있어 신규 사업을 제대로 준비할 시간이 부족하기 때문이다. 신규 사업은 충분한 검토가 필요한 일, 즉, 많은 시간을 필요로 하는 일이 대부분이다. 기존 사업과 달리 회사에 참고할 만한 관련 자료도 그다지 존재하지 않는다.

기존 업무 담당자에게 정말 중요한 신규 사업 업무까지 던져주는 건, 신규 사업에 별 기대를 안 한다는 메시지이거나

기존 업무를 소홀히 하라는 메시지와 다를 바 없다. 시간은 누구에게나 한정되어 있기 때문이다.

다시 한 번 얘기하지만, 기업이 살아남기 위해 신규 사업 준비는 필수다. 그리고 그 준비를 위한 별도의 인력 확보도 필수다.

회사 살리는 마케팅 20

문제점 '성공 - 실패'로만 결과를 보려 한다

신제품의 경우, 회사의 많은 비용과 시간, 인력이 투입된 결과물이다 보니, 자연스럽게 '성공' 또는 '실패'라는 두 개의 관점을 적용하게 된다. 그러나 여기에 한 가지 관점만 더 적용하면 회사는 더 나은 방향으로 나아갈 수 있다.

해결책 '개선'이라는 관점을 추가해라

톰 피터스의 '준비-발사-조준' 이론은 실리콘밸리를 중심으로 주목받는 린 스타트업[3] 전략과도 기본 맥락을 같이 한다고 볼 수 있다. 그 기본 맥락은 바로 제품이나 서비스를 론칭한 후 성공, 실패를 따지는 접근이 아니라, 문제 개선 관점에서 접근한다는 것이다.

접근하는 자세가 다르면 행동도 달라진다. 성공했을 경우는 걱정이 없다. 가벼운 수준의 원인 분석과 함께 즐거운 회의만이 기다릴 뿐이다.

하지만 실패했을 경우는 보통 수만 가지의 원인 분석과 함께 질책, 책임 회피 등 온갖 안 좋은 상황들만 기다릴 뿐이다. 실패 후의 개선안도 얘기될 것이나, 이미 실패라는 낙인이 찍힌 제품(서비스)에 개선을 위한 비용과 관련자들의 에너지가 반영될 확률은 상당히 낮다. 이때 문제 개선 관점의 접근은 성공했을 경우의 상황은 비슷할지 모르나, 실패 상황에서 빛을 발할 수 있다. 이 상황을 실패로 규정하지 않고 개선 상황으로 인식하기 때문에 좀 더 좋은 제품(서비스)으로 계속 발전시킬 수 있는 것이다.

---

3) 린 스타트업(Lean Startup): 아이디어를 빠르게 최소 요건 제품(시제품)으로 제조한 뒤 시장의 반응을 통해 다음 제품 개선에 반영하는 전략. 짧은 시간 동안 제품을 만들고 성과를 측정해 다음 제품 개선에 반영하는 것을 반복해 성공 확률을 높이는 경영 방법론의 일종이다. 일본 도요타 자동차의 린 제조(Lean Manufacturing) 방식을 본뜬 것으로, 미국 실리콘밸리의 벤처기업가 에릭 리스(Eric Ries, 1979~)가 개발했다. 린 스타트업은 '만들기-측정-학습'의 과정을 반복하면서 꾸준히 혁신해 나가는 것을 주요 내용으로 한다. 《시사상식사전》, 박문각)

문제 개선 관점은 많은 마케팅 비용을 들여 소위 '대박'을 터트리길 기대하는 상황에선 적용이 힘들다. 이미 많은 비용을 소진한 상황에서는 추후 비용 배분이 힘들기 때문이다. 따라서 적은 마케팅 비용을 갖고 타깃 소비자가 집중된 채널에 먼저 유통시킨 후, 그 결과에 따라 개선하는 방법도 추천한다. 개선된 결과물이 흡족할 때, 많은 마케팅 비용을 배분하면 된다. 지금도 기업들은 블라인드 테스트, HUT[4] 등 제품이 출시되기 전 사전 검증할 수 있는 리서치를 하고 있다. 그러나 실전만큼 확실하고 믿을 수 있는 데이터를 얻기 좋은 것도 없다. 적어도, 검증이 필요한 신규 사업은 린 스타트업이 강조하는 '작게, 더 좋게' 방법을 적용해 보길 바란다.

참고로, 4장에서 소비자들에게 준비된 제품을 선보이라고 얘기했다. 위의 내용은 준비 안 된 제품을 우선 선보이라는 얘기가 아니다. **언제든지 기존 제품에 대한 수정과 개선을 할 수 있는 '자세'에 대해 얘기한 것이다.** 그래야 실패에 더 유연하게 대응할 수 있다.

---

4) HUT(Home Use Test): 면접원이 조사 대상자의 가정을 직접 방문해 제품을 유치하고 이를 사용하게 한 후 면접을 통해 설문을 받는 조사 방법이다. (하봉준,《광고 조사 방법》, 커뮤니케이션북스)

너무나도 작게 시작한 1조 3천억 원의 기업, 자포스

온라인 신발 판매 기업인 자포스(Zappos)는 닉 스윈먼이 창업한 슈사이트 닷컴(Shosite.com)에서 시작됐다. 그 시작은 너무나도 단순했다. 닉 스윈먼은 동네 신발 가게에 가서 신발 사진을 찍어 자신의 사이트에 올렸다. 그게 전부였다. 사람들은 반응했다. 온라인에서 신발을 구매할 것이라는 닉 스윈먼의 생각이 적중한 것이다.

이후 토니 셰이라는 CEO가 사업에 참여하였고 성공적으로 회사를 성장시켜 2009년 아마존에 약 1조 3000억 원에 인수되었다. 그러나 단순한 인수가 아니라 자포스의 기업 문화, 100% 고용 승계, 100% 독자 경영을 약속 받은 인수였다.

만약 일반 회사에서 자포스의 비지니스 모델을 론칭한다고 했다면 어땠을까? 시장성 분석과 함께 손익 계산, 투자 자금 회수 시점, 물류 센터 등 자료만 분석하고 만들다 시간을 다 보내고, 사업 기회는 진작에 날려버렸을 것이다.

"많은 경우 사람들은 원하는 것을 보여주기 전까지는

무엇을 원하는지도 모른다."

– 스티브 잡스Steve Jobs –

11

이런 아이디어가 있으면 보고해야 될 거 아냐

·

새로운 시도를 수용하는 분위기가 필요하다.

"평 과장. 이건 뭐야? 무슨 과일 모양 패키지가 이렇게 많아?"

"앗, 사장님."

갑자기 나타난 사장을 보고, 깜짝 놀란 평 과장이었다.

"그건, 김 팀장하고 나 차장이 꼬꼬마 주스 리뉴얼로 검토하던 케이스입니다."

사장은 샘플로 제작된 패키지를 유심히 살펴보더니 말을 이었다.

"아니, 이런 아이디어가 있으면 보고해야 될 거 아니야. 자기들끼리 검토해 보고 안 될 것 같으니 그냥 끝낸 거야?"

"그건 제가 정확히 모르겠습니다."

"김 팀장 찾아서 바로 오라고 해."

"네. 그렇게 하겠습니다."

잠시 후, 사장실에서 나온 김 팀장은 나매출 차장을 자리로 불렀다.

"나 차장. 사장님 지시 사항이고 우리가 원래 기획했던 대로 과일 모양 패키지로 리뉴얼하기로 했다. 장난감도 안에 넣고."

"잘 됐네요. 그런데 연구소장님께서 가만히 계실까요?"

"사장님 지시 사항인데, 소장님은 사장님 복사기잖아. 안 그래도 이거 사장님 보시면 좋아할 거라고 생각했는데 나 차장이 책상 정리 안 한 게 이럴 때 도움이 됐네."

"어쨌든 제가 기여했네요."

멋쩍게 웃는 나 차장이었다.

"이제 '사장님 지시 사항' 태그 붙었으니, 알다시피 속도가 엄청 빨라질 거야. 그리고 공장 쪽에서 생산성 떨어져서 반기지 않는다고 말씀드렸더니 사장님이 바로 전화하셔서 진행시키셨어. 공장장님이 사장님 방에서 나오면 전화 달라고 문자해서서 전화드렸더니 누가 생산성 떨어진다는 소리 했냐고 오히려 나한테 뭐라 하시더라고."

"공장장님도 사장님 말 한 마디면 바로 바뀌는 거 잘 알죠."

"다음 주, 신제품 보고 자료 다 수정해야 하니까 좀 바쁠 거야. 필요한 거 있으면 바로 얘기하고."

"네. 알겠습니다."

신제품 진행 사항을 보고하는 당일. 과일 모양 패키지 진행을 중지시켰던 연구소장은 마땅치 않은 표정으로 연신 불만을 제기했으나, 사장이 꽂힌 제품을 막을 방법은 없었다. 그러던 중, 회의실에서 못 보던 얼굴을 한 명 발견했다. 사장은 계속해서 그에게 무엇인가를 설명했다. 누군지는 모르겠으나 대우를 받는 것은 분명해 보였다. 발표를 하던 김 팀장에게 새로운 사람은 갑자기 질문을 했다.

"좋은 제품이네요. 근데 지금 제품의 USP[1]는 뭔가요?"

---

1) USP(Unique Selling Proposition): 상품이나 서비스의 유일하고 독특한 이점. 주로 해당 제품이나 서비스의 차별화된 특징을 말한다.

"과일 모양 디자인과 장난감이 들어가는 점을 활용해 '재미'를 USP로 삼고자 합니다."

"음. 그런데 얼마 전 리서치의 KBF[2]를 보면 '원료'가 1순위라고 나오던데요."

"아, 네. 원료도 강조할 예정이지만 그것으론 경쟁사와 차별화를 가져가기 힘듭니다. 현재 경쟁사이자 1위 업체인 힘찬 우유의 유아 주스가 '원료'에 대해서는 고객들의 강력한 선호도를 확보했기 때문입니다."

"김 팀장. 몇 번을 얘기해야 하나. 그래도 그건 당연히 원료를 강조해야 되는 거야."

연구소장이 옆에서 한마디 거들었다.

"소장님. 맞는 말씀입니다. 그러나 원료에 주안점을 둬 '엄마'를 타깃으로 하는 경쟁사와 차별화하려면 '재미'를 활용해 '아이들 스스로' 선택하는 방향이 필요하다고 생각합니다. 제품의 믿을 수 있는 원산지는 기본이구요."

"김 팀장님. 제가 보기에도 지금 기획하는 제품의 원산지가 충분히 차별화 포인트가 될 수 있을 것 같은데요. 경

---

2) KBF(Key Buying Factor): 구매 시 가장 중요하게 생각하는 요인

쟁사 제품보다 원산지가 더 좋다고 어필할 만한 부분들이 꽤 있는 것 같습니다. 이건 다시 생각해 볼 필요가 있을 듯합니다."

새로운 사람이 다시 의견을 얘기했다.

"그래. 일단 거기까지 하고 제품 개발을 차질 없이 준비해."

사장은 외부 미팅이 있다며 회의를 끝냈다.

평범한 과장은 바로 회의실에서 본 새로운 사람의 정보를 찾기 시작했고, 인사팀의 이직 동기한테서 그 사람에 대한 정보를 얻었다. 그 정보를 받은 평범한 과장은 난처한 표정을 지었다.

회사 살리는 마케팅 21

문제점 '사장님 지시 사항'이라는 지침이 없으면 새로운 시도는 힘들다

이 말은 곧, 사장님 지시 사항 이외의 새로운 시도는 빛을 볼 수 없다는 얘기와 같다. 당연히 새로운 시도는 상위 의사결정자에 의해 판단되어, 최고 의사결정자에게 전달되는 것이 맞다. 여기서 얘기하고 싶은 것은 이 과정의 문제가 아니라 바로, '괜히 쓸데없는 일 만들어서 피곤하게 하지마'라고 암묵적으로 말하는 사내 분위기다. 이러한 분위기는 좋은 의견마저도 최고 의사결정자에게 닿기 힘들게 만든다.

해결책 새로운 시도를 수용하는 분위기가 필요하다

새로운 시도로 인해 지금 업무에 추가되는 일이 생기는 건 누구라도 싫을 것이다. 그건 회사 일을 하는 누구나 (워커홀릭을 제외하고는) 마찬가지일 것이다. 새로운 시도를 한다는 건 상당히 귀찮은 일일 수 있다.

그러나 새로운 시도를 해야 회사는 계속 살아남을 수 있다. 매번 하던 것만 하다가 나중에 회사가 뒤쳐진다면, 회사의 구성원들은 변함없이 편하게 일할 수 있을까? 아마도 상황 개선을 위해 평소 일하던 양의 2배는 일해야 할 것이다.

새로운 시도에 대한 거부감은 당연하지만 당장 편하자고 모든 시도에 부정적인 시선을 보내면, 향후에는 더 성장하지 못하고 도태될 것이다. 회사 업무는 더 힘들어지고, 성장이 어려우니 조직은 더 타이트하게 운영될 것이다. 현 상황 분석과 개선을 위한 보고서만 수백 장씩 만들어야 할지도 모른다. 이렇게 되면 미래를 위한 준비는 하지 못하고 현 상황에 대한 개선책만 찾게 되어 악순환이 계속될 수밖에 없다.

그리고 정체된 회사는 비용을 아끼기 위해 가장 먼저 (당장 타격은 크지 않으나 비용은 큰) 광고비부터 삭감할 것이다. 그러니 추후 매출과 브랜드의 성장은 탄력을 받지 못하고 시간이 흐를수록 하향세를 나타낼 것이다. 제품도 원가 절감을 우선시할 것이다.

지금 조금 힘들어도, 향후에 더 편하게 일하고 싶다면, 조직 전체가 새로운 시도에 대해 조금 더 긍정적인 시선으로 바라봐 줄 필요가 있다.

이 시도를 위해서 마케팅팀은 새로운 시도가 왜 필요한지
에 대해 충분히 설득해야 한다. 타 부서의 긍정적인 시선과
함께 마케팅의 선도적인 활동이 필요하다.

회사 살리는 마케팅 22

문제점 리서치 자료를 잘못 해석한다

리서치 자료는 고객의 정보를 알 수 있는 소중한 자료이다.
그러나 리서치 자료를 잘못 해석하면 그만큼 낭패도 없다.
글 속의 예시와 같이, 유아들에게 주는 음료에 원료를 가장
먼저 생각하는 건 너무나도 당연한 일이다.

생각해 보자. 원료라는 기준이 1순위고, 시장의 1위가 그
속성을 차지하고 있다. 시장 1위가 가장 강력한 구매 요인인
'원료'라는 속성을 이미 선점하고 있는데, 시장에 리뉴얼을
통해 진입하려는 제품이 '우리 원료가 더 좋다'라고 얘기한
들 고객에게 먹힐 것 같은가?

실제 회사에서는 '더 좋다'는 점을 강조하면 소비자들에게

좋은 반응을 이끌어 낼 거라고 생각하는 사람들이 꽤 많다. 왜 많을까? 그들이 놓치고 있는 것은 무엇일까? 바로 소비자들의 상황 세 가지를 생각하지 않기 때문이다.

1. 바쁘다

소비자들은 정말 중요한 게 아닌 이상 하나하나 세부 사실까지 비교해 가면서 구매할 시간이 없다. 애들 교육도 신경 써야 하고, 회사 업무도 신경 써야 하고, 부모님 건강도 챙겨야 하고, 집안의 각종 경조사 날짜도 기억해야 한다.

아기에게 주는 음료는 자신이 먹는 음료보다 더 상세하게 확인하기 때문에 원료를 강조하는 게 먹힌다고 생각할 수도 있겠다. 그러나 소비자는 항상 수많은 선택 상황에 놓여 있다는 것을, 바쁘다는 것을 잊지 말아야 한다.

2. 듣는다

회사들은 모두 자기네가 최고라고 얘기한다. 광고를 보면 자신들이 쓰는 원료가 최고고, 최상의 상태로 관리한단다. 그리고 알 수 없는 공법에 나쁜 건 다 무첨가란다. 모두 다 자기네가 최고라고 얘기하는데, 소비자들이 어떤 선택을 하겠는가? 얘도 최고, 쟤도 최고라고 말하면 당연히 기존에 쓰던 1등 제품을 그대로 선택하지 않겠는가!

그럼, 제3자가 해 주는 공인된 테스트에서 더 뛰어난 원료라고 인정받으면 되지 않겠냐고 얘기할 수 있다. 과연 그럴까?

3. 다 본다

소비자들이 제품을 선택할 때 가장 중요한 한 가지만 볼까? 그렇다면 앞서 사례로 언급한 카페베네 상황은 도대체 무엇인가? 제3자인 언론사에서 진행한 아이스 아메리카노의 블라인드 테스트 결과대로 아이스 커피 순위는 결정돼야 맞다. 먹는 것에 있어 '맛'은 항상 중요한 요소이기 때문이다. 그러나 현실이 그러한가? 소비자들은 사람이다. 기계가 아니다. 원료도 보지만, 가격도 보고, 회사도 보고, 브랜드도 볼 것이며, 디자인도 눈에 들어온다. 위의 요소들은 하나하나 신경 써야 볼 수 있는 것도 아니고 매대에 놓여진 제품을 보면 대부분 특별한 노력 없이 바로 파악 가능한 것들이다.

가장 중요한 것을 뽑으라고 해서 뽑은 것이지 눈에 바로 들어온 요소들은 다 선택에 영향을 미친다. 눈에 들어온 요소들을 무시할 이유가 없기 때문이다.

해결책 한 발자국 떨어져서 보라

자, 회사 업무라는 생각에서 벗어나 한 발자국만 떨어져서 보라. 내 돈으로 구매하는 다른 제품들, 서비스들을 생각해 보라는 말이다. 어떻게 선택했는지, 그리고 리서치 안에 숨겨진 소비자의 정보를 한 번 더 생각해 볼 필요가 있다. 그렇다면 충분히 다른 결과를 만들어 낼 수 있을 것이다.

"나는 실패를 받아들일 수 있다. 모두가 무언가에

실패하기 때문이다. 하지만 난 시도도 하지 않는 것은

받아들일 수 없다."

— 마이클 조던Michael Jordan —

12

마케팅 예산 없는 게
너무 답답해요

•

기본 중의 기본인 제품에 집중하라.

사장실에서 나온 김아쉽 팀장의 표정이 좋지 않았다. 잠깐 약속이 있어 나갔다 온다고 해놓고서는 퇴근 시간 무렵이 돼서야 돌아왔다. 돌아온 김 팀장은 자리에서 가방을 챙겨 바로 퇴근했다.

　김아쉽 팀장의 이상한 행동을 지켜본 평범한 과장은 대충 상황이 짐작되었다. 지난번 회의에 새로 온 얼굴이 바로 마케팅 신임 이사였기 때문이다. 김 팀장보다 나이는 다섯 살 어리고, 좋은 학교에 국내외 대기업에서 일했던 화려한 커리어도 있다. 실력은 모르겠지만, 어쨌든 스펙만 놓고 봤을 때는 김 팀장과 비교도 안 되는 상황이었다. 그리고 비밀이라고 하였지만 사장님의 대학 동아리 후배이며, 연봉도 엄청나다고 들었다.

다음 날, 김아쉽 팀장은 아무일 없다는 듯이 밝은 얼굴로 출근했다. 그리고 다음 주, 저녁 회식을 제안했다. 원래 회식은 낮에 간단히 하고 저녁은 가족과 함께 보내자는 김 팀장이었기에 저녁 회식 제안은 이례적인 일이었다. 어쨌든 회식은 나매출 차장, 평범한 과장 그리고 신입사원까지 참석하게 되었다.

신입사원인 '명랑해'는 대학에서 경영을 전공하고, 다수의 마케팅 공모전에서 수상 경력을 갖고 있는 마케팅에 관심 많은 친구였다. 그리고 신입사원이지만 인력 부족으로 인해 팀의 막내 업무와 더불어 저가형 과일 주스인 '꿈꾸는 주스' 브랜드를 맡고 있었다.

회식 당일, 지금까지 얘기하지 못한 갖가지 에피소드들을 풀어놓으며 다들 즐거운 분위기로 회식을 즐겼다. 그러던 중 김 팀장은 얘기를 듣고만 있던 명랑해 사원에게 힘든 게 없는지 물었고, 평소 밝기만 해 보였던 명랑해는 술

기운을 빌어 기다렸다는 듯이 대답했다.

"솔직히 말씀드려서, 제가 맡고 있는 브랜드를 키워야 한다고 모두 얘기만 하면서 마케팅 예산이 없는 게 너무 답답해요. 시장 점유율도 7위로 거의 꼴찌인데 '이런 제품이 있다. 어떻게 다르다'를 알려야 소비자에게 포지셔닝 될 거고 그러려면 당연히 마케팅 비용이 필요한데 그런 거 하나 없이 키우라니요. 전 솔직히 현재 아무런 마케팅 활동도 하고 있는 거 같지 않아요. 그리고 제가 신입사원 간담회 때 사장님에게 꿈꾸는 주스가 크려면 포지셔닝이 필요하고 그러기 위해서는 예산도 필요하다고 설명하니, '예산이 중요한 게 아니고 할 수 있다는 마음가짐이 중요하다'는 이상한 얘기나 하시고 말이죠. 아니, 해 보겠다는 마음가짐으로 예산이 필요하다고 얘기한 건데 도대체 무슨 소릴 하시는 건지 모르겠어요. 투자가 있어야 결과가 나오죠. 그리고 신입사원이 혼자 어떻게 해요. 뭐 하나 해 보려고 하면 다른 부서는 하나도 안 도와주고, 팀 내에서도 팀장님도, 차장님, 과장님도 전부 너무 바쁘시고…."

속사포처럼 이어진 신입사원의 푸념에 김 팀장과 나매

출 차장, 평범한 과장은 놀라고 말았다.

"아, 그랬구나. 미안 미안. 내가 너무 정신 못 차리고 있었네. 나 차장하고 평 과장도 일이 너무 많아서 매일 야근하는 상황이라, 우리가 너무 방치했던 거 같네. 미안해."

놀란 김 팀장은 우선 사과부터 했다.

"선대 회장님은 항상 소통을 강조했는데, 그걸 내가 놓치고 있다는 생각은 못했네. 다시 한 번 미안해."

김 팀장은 한 번 더 사과를 하고 바로 말을 이었다.

"음…. 현재 회사 상황을 얘기하는 게 명랑해 씨한테 도움이 될 것 같아. 현재 우리 회사는 커피를 캐시카우로 해서 우유와 유아 음료 카테고리를 제2의 캐시카우로 키우려고 하고 있어. 그리고 미래식을 향후 메인 사업으로 보고 있고. 현재 명랑해 씨가 맡고 있는 저가형 주스는 회사에서 효율성이 정말 좋은 제품이야. 기존 설비를 가장 잘 활용해 공장 생산성도 높이고 손익도 괜찮은 편이지. 그리고 시장 점유율은 낮지만 회사에서는 주스 시장 매출 확보를 위해서라도 꼭 진행해야 하는 제품이고 말이지."

명랑해는 가만히 고개를 끄덕였다.

"자, 회사 전체적으로 보면 꼭 필요한 제품이지만 집중해야 하는 다른 카테고리로 인해 주스까지 마케팅 예산을 추가하기는 무리가 있지. 본인이 얘기한 포지셔닝 활동은 못 할거야. 그렇다고 손 놓고 있을 거야? 이때 할 수 있는 제일 확실한 행동이 하나 있어."

명랑해는 김 팀장을 조용히 쳐다봤다.

"바로 제품에만 집중하는 거지. 자, 광고나 홍보 활동은 소비자를 제품까지 끌어들이는 역할을 하지. 그 소비자들이 제품을 계속 구매하려면 어떻게 해야 할까. 너무나도 당연하게 제품 품질이 만족스러워야겠지. 브랜드 애착도 다 품질이 좋아야 생기는 거니까. 명랑해 씨가 맡은 제품 말이야. 광고비는 없지만 흥미로운 컨셉 또는 맛으로, 한 번 맛본 사람들의 재구매율을 높이는 걸 목표로 하는 건 어떨까? 샤오미는 광고비를 안 쓰기로 유명하지. 그들의 성공에는 물론 다른 이유도 있겠지만 결론적으로는, 가성비가 너무 좋으니 얼리어답터들이 알아서 입소문을 낸 거지. 광고비가 없다면, 제품에만 집중하는 게 현재 할 수 있는 최선이야."

명랑해는 알겠다는 듯 가만히 고개를 끄덕거렸다.

"그래도 마케팅 비용이 있긴 있어야 하는데, 미안하다. 팀장이 못나서 그래."

김 팀장은 조용히 고개를 숙이고 술잔을 들이켰다.

"아유, 무슨 말씀이에요. 팀장님. 팀장님 만한 분이 어디 있다구요."

나 차장과 평 과장은 김 팀장을 응원했으나 축 쳐진 김 팀장의 어깨는 안쓰러워 보였다.

회식이 끝나갈 무렵, 갑자기 경영기획과 인사를 담당하는 상무가 나타났다. 평범한 과장은 이 모든 상황을 알고 있다는 듯 전혀 놀라지 않는 눈치였다. 그러나 김아쉽 팀장은 깜짝 놀라며, 잠시 상무를 멍하니 쳐다본 후 얘기했다.

"아니, 상무님. 여긴 어쩐 일이세요?"

"자, 여기 마케팅 팀원 분들한테는 미안한데, 내가 지금부터 김아쉽 팀장을 좀 데려가도 될까?"

"아…, 네."

"김 팀장. 우리 오랜만에 자주 가던 포장마차나 가서 얘기 좀 하자."

상무와 김아쉽 팀장은 같이 밖으로 나갔다.

실은 두 시간 전, 평범한 과장은 상무의 전화를 받았다. 상무는 김아쉽 팀장과 계속 통화가 되지 않는다며 있는 곳을 물었고, 평범한 과장은 회식 중이라고 대답하며 위치를 얘기했다. 그리고 두 시간 후, 상무가 나타나 김 팀장을 데려간 것이다. 회식은 자연스럽게 끝이 났다.

평 과장은 시간이 흐른 후에야 김아쉽 팀장이 사장실에 불려가서 겪은 일을 들을 수 있었다. 사장에게 불려갔던 날, 김아쉽 팀장은 마케팅팀에 본인보다 어리지만 커리어가 좋은 새로운 이사가 올 것이라는 통보를 받았다. 그리고 그대로 있어도 되지만 강원도에 새롭게 문을 여는 영업지점의 지점장 자리를 심각하게 고민해 보라는 제안도 받았다고 한다. 3년째 공석인 마케팅 임원 자리를 빈틈없이 메우고 2년 전부터 임원 승진은 확정적이라고 여겨지던 김아쉽 팀장에게 이 통보는 나가라는 의미로 해석되었고, 일주일 뒤 마케팅팀의 회식 날 아침, 김아쉽 팀장은 사직서를 관리부에 제출했다고 한다. 이 사실을 오후 늦게야 알게 된 경영기획 담당 상무는 바로 김아쉽 팀장을 찾았으나 계속 연락이 닿지 않아 평 과장에게까지 연락이 간 것이다.

김아쉽 팀장과 상무 단 둘이 가진 회식 뒷자리에서 상무는 어떻게 본인에게 한 마디 상의도 없이 그런 일을 했냐며 김아쉽 팀장을 크게 꾸짖었다고 한다. 그리고 김아쉽 팀장의 향후 거취에 대해 새벽까지 많은 얘기를 나눴다고 한다.

그 다음 날, 상무는 최근 사장의 사랑을 한 몸에 받아, 한 달마다 회사에서 교육을 하는 국내 명문대의 김 교수와 함께 사장실을 찾아 긴 미팅을 가졌다. 그 미팅에서 상무는 지금 회사에 신사업을 전담하는 팀이 꼭 필요하다고 얘기했고, 그 팀의 적임자로는 김 팀장 만한 인물이 없다며 사장을 끈질기게 설득했다. 후에 알려진 얘기지만 상무는 본인의 주장에 힘을 얻기 위해, 항상 새로운 시장을 준비해야 한다고 얘기했던 김 교수를 아침에 직접 집 앞까지 가서 모셔왔다고 한다.

그 미팅이 끝난 후 김아쉽 팀장은 다시 사장실로 불려 갔다. 그리고 다음 주 새로운 조직 개편안이 발표되었다. 김아쉽 팀장은 상무가 이끄는 경영기획 부서에 신설된 신 사업팀으로 발령받아 새로운 출발을 하게 되었다.

회사 살리는 마케팅 23

문제점 전체를 얘기하지 않는다

글 속 마케팅팀의 명랑해는 전체 그림을 알지 못해 어떤 문제를 겪었을까?

브랜드 방향성을 잡지 못했다. 여러 브랜드 또는 제품을 보유한 회사의 경우, 회사의 주목을 받지 못하고 담당에 의해서만 운영되는 브랜드가 있다. 이 브랜드에게 특별히 제시되는 방향성은 없다. 당연히 모든 브랜드는 담당자 스스로가 방향성을 갖고 찾아가야 한다.

그러나 회사의 전체 방향성은 미리미리 알려줘야 한다. 무엇인가를 해 보고자 해서 사전 보고를 하고 진행한다고 해도, 별로 부각되지 않는 브랜드라면 윗선에서 흘려 듣는 경우가 많다. 그러다 비용이 발생하는 순간이 오면, 갑자기 관심을 갖고, 그제서야 방향이 잘못됐다고 얘기하는 경우들이 있다. 최종 결정의 순간에 중단된다면 그만한 인력 낭비와 시간 낭비도 없다.

해결책 전체 그림을 얘기하고 또 얘기해라

경영진들도 모든 에너지를 모든 브랜드에 다 쓸 순 없는 노릇 아닌가. 가장 중요한 브랜드에 에너지를 집중하는 건 당연하다.

따라서, 회사의 방향성과 그 안에서 각 브랜드의 역할을 지속적으로 얘기만 해줘도 회사와 담당 마케터 모두 서로의 에너지를 효율적으로 활용할 수 있다.

앞 장에서도 얘기했지만 마케팅 부서는 일을 벌이는 부서다. 따라서 다른 부서의 협조가 있지 않다면 원활한 업무 진행이 어렵다. 그러므로 다른 부서의 협조가 필요하고, 그 바탕에는 왜 이 일을 해야 하는지에 대한 '이해'가 가장 우선일 것이다.

마케팅팀에서는 다른 부서의 이해를 위해 충분한 설득이 필요하다고 얘기했다. 여기에 더해 경영진에서 회사 전체와 각 브랜드가 가는 방향에 대해 모든 직원에게 지속적으로 얘기해 준다면 그 이해는 더 쉽게 이뤄질 것이다.

GE의 전 CEO인 잭 웰치는 "열 번 이야기하기 전까지는 한 번도 이야기한 것이 아니다"라고 말했다.

경영진은 회사 방향성을 얘기하고 또 얘기해줘야 한다. 잭 웰치 급의 CEO도 반복해서 메시지를 전달했다. **회사의 방향성과 같이 중요한 사항에 대해서는 끊임없이 계속 알려줘야 조직원들이 다 같은 방향을 갖고 움직일 수 있다.**

지시는 임원이 하지만, 실무는 담당자가 한다. 각 부서의 담당자들도 회사의 방향성을 충분히 알아야 한다. 그래야 자신이 하는 업무가 어떻게 활용될지 알 수 있기에, 업무 효율성을 올릴 수 있다.

회사 살리는 마케팅 24

문제점 마케팅 비용이 없으면 마케팅 활동을 못한다고 생각한다

재미있는 광고, 기발한 홍보, 프로모션 등. 수많은 제품들 중에서 자신의 제품을 알리고 선택받게 하는 광고 및 홍보 활동은 필수다. 그리고 대학에서 다루는 마케팅도 주로 '전략, 광고, 프로모션' 등 화려한 부분만 눈에 띈다. 또한 마케팅 바이블 중에 하나인 《마케팅 불변의 법칙》에서는 '소비자 인식(포지셔닝)'에 대해 주로 얘기한다. 그런데 이러한 모든 활동들은 마케팅 비용이 없으면 쉽게 할 수가 없다.

그래서 글 속의 신입사원과 마찬가지로 마케팅 비용이 없는 브랜드를 맡았을 때는 비용이 없음을 탓하기 쉽다. 마케팅 비용이 없으니, 제품으로 바터(barter, 물물교환)를 하는 프로모션이 전부가 될 것이다. 그러나 마케팅에서 가장 중요한 건 무엇일까?

바로 기본이 되는 제품이다.

해결책 기본 중의 기본인 제품을 먼저 챙겨라

기본이 되는 '제품'이 부실하면, 결과적으로 모든 게 다 물거품이 된다.

마케팅 비용이 없다면, 비용 활용을 고민할 시간에 제품에 온 신경을 쏟아부으면 된다. 제품이 좋거나, 특색이 있으면 결국은 소비자들이 알아준다. 당연히 마케팅 비용을 쏟아붓는 1위 브랜드와는 경쟁이 되지 않겠지만, 제품이 받쳐주면 사람들은 찾아준다. 그리고 추천해 준다. 생각해 보라. 마케팅 비용은 못 쓰지만 제품 하나로, 1위를 위협할 정도가 된다면 얼마나 대단한 상황인가?

마케팅 비용이 없음을 탓하지 말고, 제품 개발에 모든 에너지를 쏟아보자. 제품이 알려지고, 매출이 늘면, 마케팅 비용은 알아서 따라오게 돼 있다.

아마, 스테디셀러인 《마케팅 불변의 법칙》 제1장이 '더 좋기보다는 최초가 되는 편이 낫다'는 리더십의 법칙이 아니라, '제품이 기본이다'라는 법칙으로 시작했다면, 마케팅을 대하는 마케터들의 자세가 좀 더 '기본'을 충실히 하는 방향으로 나가지 않았을까 생각한다.

> **이런 사실도 있었다** -

인스턴트 팟, 제품으로 승부하다

캐나다의 중소 가전업체인 인스턴트 팟(Instant pot)이라는 회사는 2016년 아마존 프라임 회원들을 대상으로 실시했던 세일에서 압력솥을 하루에 21만 5000대나 판매했다. (참고로 이 날 각종 브랜드의 텔레비전

전체는 9만 대, 헤드폰 전체는 20만 대 판매를 기록했다.) 그리고 2017년에도 아마존 프라임 데이 베스트셀러에 그 이름을 올렸다. 어떻게 이런 놀라운 기록을 만들 수 있었을까?

이 회사의 CEO이자 창립자인 로버트 왕은 CNBC와의 인터뷰에서 광고비에 많은 비용을 쓰는 건 그들의 사업 계획에 들어 있지 않았다고 말했다. 대신, 제품 개발과 고객 지원에 비용을 쓰고 고객의 반응을 꾸준히 살펴 제품을 지속적으로 개선했다고 밝혔다. 인스턴트 팟은 자신들의 제품을 약 200명 정도의 요리 강사와 요리 블로거들에게 제공하였을 뿐인데, 이들이 제품을 써 보고 성능에 만족하여 자신들의 블로그 등에 리뷰를 소개하여 입소문이 난 것이 성공 비결이었다. 로버트 왕은 얘기했다. **만약 당신이 좋은 제품을 만들면 사람들이 그 가치를 알아보고 찾아줄 것이라고.**

제품력이 뒷받침되면 인스턴트 팟과 같은 결과를 가져올 수 있다.

그러나 애플도 광고를 한다. 이케아도 광고를 한다. 삼성도 광고를 한다. 예산이 허락한다면 광고, 홍보 활동은 필수다. 소비자들이 모든

▲ 인스턴트 팟의 홈페이지

제품을 다 비교해보고 선택할 시간은 없고, 경쟁사들은 무서운 속도로 나타나기 때문이다. 당신의 제품은 품질이 비슷하지만 광고를 많이 하는 경쟁사 제품에 묻힐 수 있다. 결국에는 광고, 프로모션, 홍보가 필요하다. 그러나 잊지 마라. 마케팅의 본질은 제품이다.

13

이렇게 감이 없어서
어떡하냐

●

명확한 가이드라인이 필요하다.

"아, 명랑해 씨. 이런 레퍼런스 컷(reference cut)으로는 프리미엄 커피의 이미지를 빌딩할 수 없어. 다시 잡아와. 이런 컷은 전달해봤자 포토그래퍼에게 혼란만 불러 일으킨다고. 젊은 애가 이렇게 감이 없어서 어떡하냐? 마케팅 하고 싶어하는 사람 맞아? 감 없는 건 쉽게 개선 안 되는데, 참 나."

"네…. 다시 잡아서 보고드리겠습니다."

"아, 됐어. 이건 내가 잡아서 전달할 테니, 명랑해 씨는 딴 일해. 기회를 세 번씩이나 줬으면 뭔가 보여줘야 될 거 아냐."

출근 2주째, 새로 온 마케팅 이사는 프리미엄 커피의 촬영 가이드를 보고받던 중, 답답함을 참지 못하며 소리치듯 얘기했다. 원래 프리미엄 커피는 김 팀장의 담당이었으나 새로운 마케팅 이사가 해당 제품은 담당자가 뽑힐 때까지 본인이 하겠다며 가져갔다. 그리고 어시스턴트로 명랑해를 지목했으며 명랑해가 맡고 있던 저가형 주스는 나 차장이 담당하기로 했다. 이사는 사장에게 성과를 빨리 보여주고 싶어하는 모습이었다.

"평 과장님. B Milk 프로모션 기획서는 다 됐어요?"

"저…, 이사님. 아침에 말씀드린 대로 사장님께서 지시하신 보고서를 작업하느라 아직 초안입니다."

"일단 가져와봐요."

"네, 여기 있습니다. '피부에 좋은 우유'라는 B Milk 컨셉을 확실히 하기 위해 B Milk에 사용된 과일과 채소의 마스크 팩을 만들어 제품 구매 시, 해당 마스크 팩을 증정하는 프로모션을 하려고 합니다."

"평 과장님. 이거 폰트가 안 맞잖아요. 글자 크기도 다 다르고."

"이사님. 이건 말씀드린 대로 초안 작업 중이었던 거라, 나중에 제대로 보고드릴 때는 다 맞추도록 하겠습니다."

"이런 거 하나하나가 다 중요한 겁니다."

"네. 주의하겠습니다."

"그리고 ROI가 어떻게 되죠?"

"마케팅 효과와 예상 비용은 마지막 페이지에 정리돼 있는데, 아직 예상 매출액은 뽑지 못했습니다."

"음…. 난 이 중에서 PR 노출이 정확히 얼마나 될지 모르겠네요. 그리고 제일 중요한 건 이런 아이디어 밖에 없어요?"

"지금 브랜드 론칭한 지 1년도 안 됐기 때문에, B Milk 컨셉을 확실히 잡는 게 먼저인 것 같습니다. 이 프로모션을 주기적으로 실행하면 브랜드 정체성을 고객들에게 더 확실하게 인식시킬 수 있을 것 같습니다. 그리고 지금 이 프로모션이 비용 대비 가장 효율적이라고 생각합니다."

"평 과장님. 그렇게 고리타분한 것 말고, 지금은 뭔가 크리에이티브한 게 필요해요. 크리에이티브한 컨셉 하나만

잡으면 브랜드 아이덴티티를 더 확실하게 전달할 수 있습니다. 크리에이티브한 걸 잡아보세요."

"저…. 이사님. 평범해 보일 수도 있지만, 브랜드 정체성을 확실하게 해 줄 수 있는 이런 종류의 프로모션이 더 필요하다고 생각됩니다."

"이런 건, 누구나 다 할 수 있는 거잖아요."

"그러면…, 죄송하지만 크리에이티브한 게 어떤 방향을 얘기하시는 건지 방향성이라도 좀 알려주실 수 있을까요?"

"그건 평 과장님의 롤(Role)입니다."

"아…, 네…. 알겠습니다. 다른 아이디어를 한번 내보겠습니다."

"제가 평 과장님 때는 밤을 새어 가며 아이디어를 만들었습니다. 그것도 이렇게 남들 다 하는 거 말구요."

"네…. 알겠습니다. 이사님."

김아섭 팀장과 정반대 스타일에 답답함을 느낀 평 과장이었지만, 적응하는 것 외에 다른 방법이 없다고 생각했다. 평 과장이 자리로 돌아가자 이사는 자리에서 일어나

애기했다.

"자, 모두 들으세요. 지금 마케팅팀이 전체적으로 감이 많이 떨어져 있는 것 같아요. 친한 광고회사의 크리에이티브 디렉터에게 간단한 강의를 요청해 놨으니, 다음 주 금요일 오후는 모두 시간을 비우세요."

다들 대답은 했으나 힘 빠진 목소리였다.

회사 살리는 마케팅 25

문제점 불필요한 정보를 입력해서, 불필요한 정보밖에 출력되지 않는다(Garbage in Garbage out[1])

글 속의 마케팅팀은 불명확한 가이드로 어떤 문제를 겪을까? 불명확한 가이드를 구체적으로 만들어 내기 위해 시간과 인력을 낭비하고 있다.

해결책 명확한 가이드라인이 필요하다

명확한 가이드라인이 필요하다. 그래야 시간과 인력 낭비를 막을 수 있다. 명확한 가이드 라인은 다음 사례를 참조하라.

허브 켈러허(사우스웨스트 항공사[2]의 공동 창업자이자 최장 재직 CEO)는 자신이 사우스웨스트를 운영하는 비결은 단 한 가지라고 얘기했다. 바로 '가장 저렴한 항공사'다. 가장 저렴한

---

1) Garbage in Garbage out: 입력 데이터가 좋지 않으면 출력 데이터도 좋지 않다는 뜻으로 불필요한 데이터가 입력되면 불필요한 결과가 출력된다는 것이다. 《컴퓨터 IT 용어 대사전》 참조)

2) 사우스웨스트 항공사: 미국 4대 항공사이자 저가 항공사의 원조로 펀(fun) 경영 등 수많은 경영 사례를 만든 기업이다.

항공사라는 목표에 부합하지 않는 활동은 필요 없다는 것이다. 사우스웨스트는 기내식으로 땅콩과 음료수만 제공한다. 더 좋은 기내식을 제공해 고객 만족이 올라간다고 해도, 가장 저렴한 항공사란 목표에 맞지 않으면 의미가 없다는 것이다. 그러나 사우스웨스트는 '비용'이 발생하지 않는 '재미'를 추가로 제공한다.

'기내에서는 금연입니다. 흡연하실 분들은 문을 열고 나가서 피시고, 흡연 시 감상할 영화는 〈바람과 함께 사라지다〉입니다'라고 말했던 그들의 기내 방송은 대표적인 펀(fun) 경영 사례로 남아있다.

회사 살리는 마케팅 26

문제점 마케팅은 있어 보여야 한다고 생각한다

글 속의 마케팅팀은 소위 '있어 보이기 위한 마케팅' 때문에 어떤 문제를 겪을까?

그들은 아마도 화려함만을 찾게 될 것이다. 대학교에서도,

회사에서도, 심지어 마케팅 실무를 하는 사람조차 마케팅 업무를 화려하고 있어 보이는 업무로 알고 있는 사람들이 많다. 글 속의 마케팅 이사처럼 뭔가 새롭고 창의적인 것들만이 마케팅의 중요한 부분인 것처럼 부각되어 마케팅을 하는 사람들은 외향적이며, 트렌드 리더가 되어야 할 것 같은 오해를 불러일으키는 경우가 있다. 그러나 그건 마케팅의 일부일 뿐이다.

해결책 진짜 있어 보이기 위해서는 내면도 가꿔야 한다

"만약 똑같은 캠페인을 수년간 계속해야 한다면 이 일에 100명이나 되는 대행사 직원이 왜 필요한가요?"

한 광고주가 물었다.

"광고를 만들어야 할 1명과 광고를 바꾸지 못하게 할 99명이 필요합니다."

이는 TBWA(전 앱솔루트 광고대행사)의 답변이다. '결코 변하지 않되, 늘 변하는 캠페인(Never changing - Always changing)'으로 잘 알려져 있는, 앱솔루트 보드카의 광고를 집행한 TBWA의 답변과 같이, 마케팅은 기발한 광고 컨셉을 원하는 사람들로부터 브랜드 가치를 지키기 위해, 진부해 보일 수도 있는 선택을 해야 하기도 한다.

그리고 경쟁사와의 전략 싸움에서 이기기 위해 방어용 제품을 빠른 시간 내에 출시해야 될 수도 있으며, 제품을 존속시키기 위해 원가절감에 매달려야 될 수도 있다. 또한 잘못 생산된 제품을 잡아내기 위해 하루 종일 매장을 돌아다니고, 물류센터에서 박스 갈이(교체)를 할 수도 있는 것이다.

▲ 결코 변하지 않되, 늘 변하는 캠페인(Never changing – Always changing)의 앱솔루트 광고 작품들 – 앱솔루트 보드카의 병 디자인은 스웨덴의 링거 병 모양에서 시작됐는데 그 병 모양은 한 번도 바뀌지 않았으나 (결코 변하지 않되) 그 병 모양을 표현하는 광고는 아이돌(IDOL), 워홀(WARHOL)을 활용한 위의 이미지와 같이 항상 변해왔다. (사진 출처: 앱솔루트 코리아)

마케팅은 결코, 있어 보이는 업무가 전부가 아니다. 마케팅이란 업무를 한정적인 시각으로만 접근해 브랜드가 겉멋만 들어가고 있는 건 아닌지, 꼭 한 번 생각해 보길 바란다.

김아쉽 팀장은 경영기획팀 옆자리로 옮기기 위해 짐을 싸기 시작했다. 나매출 차장, 평범한 과장, 명랑해 씨는 나서서 김아쉽 팀장의 짐을 옮겨 주었다. 김아쉽 팀장은 본인들 일이나 하라며 말렸지만 셋은 같이 해야 빨리 끝난다면서 말리던 김아쉽 팀장에게 개인 짐부터 먼저 챙기시라고 얘기했다.

자리 이동이 어느 정도 끝나자 김 팀장은 팀원들을 불러모았다.

"나 차장, 평 과장, 명랑해 씨. 잠깐 회의실에서 볼 수 있을까?"

회의실에 함께 모인 팀원들은 모두 어두운 얼굴을 하고 있었다. 김 팀장은 팀원들의 얼굴을 한 번씩 쳐다보고 말을 시작했다.

"지금까지 나랑 일하면서 너무 고생 많았고 잘 따라와

쥐서 고마워. 딴 회사 가는 건 아니지만 그래도 이 얘기
는 꼭 하고 싶었어."

"팀장님. 고생 많으셨습니다."

나 차장은 가라앉은 목소리로 말했다.

"그래, 일하다 궁금한 게 있으면 언제든지 물어보고."

"팀장님. 신사업 기획팀의 인력 충원은 언제 있는 겁니
까?"

평 과장은 장난스런 말투로 진심이 담긴 질문을 했다.

"음…, 없어. 1년 동안은 확실히 없을 거라고 상무님께
서 얘기하셨어. 지금 이사님 커리어도 좋고 아는 것도 많
으시니까 밑에서 잘 배우도록 해. 나 있을 땐 마케팅 부서
가 힘이 별로 없었지만 지금 이사님 밑에선 다를 거야. 기
운 내고."

김아쉽 팀장은 간단한 인사를 마치고 위층으로 올라갔
다. 나머지 팀원들의 표정은 하나같이 좋지 않았다.

자리에 짐을 풀던 김아쉽 팀장은 의자에 기대 잠시 생
각에 잠겼다. 뭔가 복잡한 심정이었다.

'참, 사람 일은 모르겠네. 한순간 회사에서 필요 없는 사람이 되었다가 바로 다음에는 새로운 팀을 신설해 자리를 마련해 줄 만큼 필요한 사람으로 여겨지고…. 정말 앞일은 알 수 없구나.'

생각에 빠져 있던 중 갑자기 문자가 왔다. 집안에 일이 있다면서 오후 반차를 낸 평 과장의 문자였다.

팀장님. 위층 공기는 좋으십니까? 멀리 가신 건 아니지만, 그래도 다른 팀에 속해 있다고 하니 좀 멀어진 느낌이 드는 건 어쩔 수 없네요. 물론 언제든지 궁금할 때는 찾아뵙겠지만, 앞으로 팀장님한테 가이드를 못 받는다고 생각하니 답답한 마음이 듭니다. 그래도 계속 만나 뵐 겁니다. 저번 회식 때 저한테 얘기해 주셨죠. '마케터는 항상 먼저 생각하고, 분석하고, 움직이고, 대화하고, 책임져야 한다'고. 그 말씀 마음속 깊이 새겨두고 있습니다.

팀장님 사직서 건으로 잠시 열심히 일하고 싶은 마음이 사라졌었지만, '네가 열심히 하다 보면 자신도 모르게 너의 실력이 올라가 있을 거야'라는 얘기도 마음속에 간직해 두고 있습니다. 그리고 이런 얘기들보다도 팀장님께서 먼저 움직이는 모습을 보여주셔서, 저도 자연스럽게 팀장님을 따라갔던 것 같습니다. 그동안 정말 감사했고, 앞으로도 계속 귀찮게 해드릴 거니 각오하십시오. 그럼 팀장님이 데려가실 때까지 열심히 하고 있겠습니다.

김아섭 팀장의 얼굴에는 미소가 번졌다. 뭐가 맞던지 간에, 결과가 어떻든지 간에 회사 생활을 헛되이 한 것 같지는 않다는 생각을 했다.

'그래, 생각만 많아서 뭐 하냐. 지금 하던 대로 계속 움직이자.'

김 팀장은 책상 정리를 마무리하며, 얼른 컴퓨터를 켜 해야 할 일들을 정리했다.

사람이 쉽게 바뀔 수 없듯이, 회사라는 조직 역시 쉽게 바뀔 수 없다. 그런데 바뀌지 않는 조직만을 탓하며 있을 순 없지 않은가.

당신이 마케팅 업무를 담당하고 있다면 먼저 생각하고, 분석하고, 움직이고, 대화하고, 책임져라. 이건 단순히 회사만을 위한 게 아니다. 마케팅 업무를 맡고 있는 당신을 위한 길이기도 하다.

회사에서 경험한 마케팅은 후에 회사를 그만두고 큰 사업을 하든 작은 사업을 하든 큰 도움이 될 것이라 생각한다. 그리고 회사 생활을 계속해 위로 올라간다고 했을 때도, 계속 무엇인가를 시도했던 사람과 가만히 있었던 사람의 업무 능력은 한 눈에 차이가 날 것이다.

조직이 변하지 않는다고 자신도 가만히 있으면 결국 자기 손해다.

물론, 새로운 시도를 해도 조직이 도와주지 않으면 원하는 대로 진행되지 않고, 헛된 시도로 남을 수 있다. 그러다 보면, 일할 의욕도 사라져 흘러가는 대로 두게 된다.

그래도 다시 한 번 움직이는 수밖에 없다. 다 본인을 위한 길이다.

조직은 이렇게 계속 움직이는 마케터를 발견하고 응원해줘야 할 의무가 있다. 그래야 자신 회사의 마케팅도 살아날 수 있는 것이다.

|참|고|문|헌|

도서

- 데이비드 오길비 지음, 최경남 옮김, 《광고 불변의 법칙》, 거름, 2004.
- 스티브 맥코넬 지음, 박재호 옮김, 《RAPID DEVELOPMENT 프로젝트 쾌속 개발 전략》, 한빛미디어, 2003.
- 알 리스·로라 리스 지음, 이장우·최기철 옮김, 《경영자 vs 마케터》, 흐름출판, 2010.
- 알 리스·잭 트라우트 지음, 이수정 옮김, 《마케팅 불변의 법칙》, 비즈니스맵, 2008.
- 윌리엄 코헨 지음, 이수형 옮김, 《드러커의 마케팅 인사이트》, 중앙경제평론사, 2015.
- 전산용어사전편찬위원회 지음, 《컴퓨터 IT 용어대사전》, 일진사, 2012.
- 최규석 글·그림, 《송곳》, 창비, 2017.
- 칩 히스·댄 히스 지음, 안진환·박슬라 옮김, 《스틱!》, 웅진윙스, 2007.
- 피터 드러커 지음, 권영설·전미옥 옮김, 《피터 드러커의 위대한 혁신》, 한국경제신문, 2012.
- 하봉준 지음, 《광고 조사 방법》, 커뮤니케이션북스, 2013.

뉴스 기사 및 리포트

- 〈개발자 경험이 중요한가? 소비자 경험이 중요한가?〉, TTimes, 2017년 4월 6일.

- 〈고객보다 직원 먼저⋯ 춤추는 CEO의 혁신 비결〉, HBR in DBR, 2014년 2월 20일.
- 〈국민 컨슈머 리포트 - 아이스 아메리카노. '아이스 아메리카노'의 계절⋯ 맛 평가서 카페베네 최고〉, 국민일보, 2015년 7월 14일.
- 〈린 스타트업 벤처 기업만의 전유물이 아니다〉, LG ERI, 2013년 11월.
- 〈조직원을 몰입하게 만드는 리더십〉, 이코노미조선, 2015년 1월 17일.
- 〈하루 만에 21만 개가 판매된 압력솥의 비결〉, TTimes, 2017년 2월 7일.
- 〈2017년 대한민국 총 광고비 결산 및 전망〉, 제일기획, 2018년 2월.
- 〈Case study - 오스트리아 레드불〉, 이코노미조선, 2017년 10월 9일.
- 〈Cutting the cord〉, The Economist, 1999년 10월 7일.

웹사이트
- 네이버 지식백과[시사상식사전, 제공처 박문각] https://terms.naver.com/list.nhn?cid=43667&categoryId=43667
- 두산백과사전 두피디아 http://www.doopedia.co.kr
- 매일경제 http://www.mk.co.kr
- 시사경제용어사전, 기획재정부 홈페이지 제공 http://www.mosf.go.kr/mi/socecowd/TbCurEcnmyWordList.do
- EBS 지식채널e 〈후계자들 - 150년간 5대에 걸쳐 대기업을 세습해 온 스웨덴의 한 가문(2014년 1월 7일 방송)〉 http://home.ebs.co.kr/jisike/index

병법에서 비즈니스 전략을 읽다

- 후쿠다 고이치 지음
- 한양번역연구회 옮김
- 고전 / 자기계발
- 정가 15,000원

선진시대부터 청나라까지의 모든 병법서를 연구했다. 현존하는 주요 병법서를 종합한 현대판 손자병법으로 단순히 책을 관통하는 법칙을 찾아내는 것이 아닌 현실에 응용할 수 있는 내용이 담겨 있다.

내 안의 마음습관 길들이기

- 수제. 진홍수 지음
- 김경숙 옮김
- 자기계발 / 심리
- 정가 13,500원

생활 속에서 흔히 경험하는 심리 현상을 소개하고, 사람들의 행동에 숨겨진 심리적 원인을 쉬운 언어로 해석했다. 더불어 자신의 마음을 다스리고, 원활하게 사회생활을 해 나갈 수 있는 구체적인 방법을 제시한다.

성장의 챔피언

- The Growth Agenda 지음
- 김정수 옮김 | 뿌브아르 경제연구소 감수
- 자기계발 / 경영경제
- 정가 17,000원

각 분야 전문가로 구성된 저자들은 지난 10년간 높은 수익성을 바탕으로 꾸준히 성장했던 글로벌 기업을 '성장의 챔피언'으로 칭한다. 삼성, 구글, 애플 등 불황에 강한 대표적인 글로벌 기업들의 성공 노하우가 담겨 있다.

세상에 쓸모없는 사람은 없다

- 웨이완레이, 양센쥐 지음
- 조영숙 옮김
- 인문 / 자기계발
- 정가 15,000원

《노자》에 담긴 경영 사상을 도(道), 덕(德), 유(柔), 무(無), 반(反), 수(水)로 종합해 설명하였으며, 현대 기업 경영에 적용하는 방법이 담겨 있다. 기업을 이끄는 데 필요한 경영 전략을 현실적으로 제시한다.

시니어 마케팅의 힘

- 전우정, 문용원, 최
  정환 지음
- 마케팅 / 경영
- 정가 14,000원

기존의 시니어 마케팅을 분석하고 요즘 트
렌드에 발맞춰 새로운 마케팅 전략을 제
시한 책이다. 마케팅 전문가 3인의 명쾌한
설명을 통해 시니어 마켓의 전망과 대책
을 쉽게 파악할 수 있다.

임원보다는 부장을 꿈꿔라

- 김남정 지음
- 자기계발 / 직장생활
- 정가 14,000원

대한민국에서 가장 치열한 분위기의 직장
이라 할 수 있는 삼성전자에서 30년을 근
속한 저자가 사회생활의 요령을 논하는 책
이다. 직장에서 인간관계는 승진과 앞으
로의 직장생활을 좌우할 만큼 중요하다는
주장이다.

돈, 피, 혁명

- 조지 쿠퍼 지음
- PLS번역 옮김 | 송
  경모 감수
- 경제학 / 교양 과학
- 정가 15,000원

과학과 경제학 상식이 융합된 독특한 책이
다. 혼란했던 과학혁명 직전의 시기를 예로
들어 경제학에도 혁명이 임박했음을 이야
기한다. 더불어 최근의 글로벌 경제 위기를
타개하기 위한 아이디어도 제시했다.

내 안의 겁쟁이 길들이기

- 이름트라우트 타르
  지음
- 배인섭 옮김
- 자기계발 / 심리
- 정가 13,500원

공포증까진 아니더라도 남의 시선을 두려
위하는 사회불안 증세는 우리 사회에 만연
해 있다고 해도 과언이 아니다. 이 책에는
심리치료사이자 독일의 유명 무대 연주자
가 쓴 무대공포증 정복 비법이 담겼다.

기술 중독 사회

- 켄타로 토야마 지음
- 전성민 옮김
- 사회 / 인문
- 정가 15,000원

마이크로소프트 인도 연구소 공동 창립자인 저자는 기술 발전이 인류 운명을 좌우한다는 식의 논리에 반기를 들며 기술 이상주의에 경종을 울린다. 기술이 아무리 발달해도 인류 행복의 열쇠는 결국 사람이 쥐고 있음을 생생한 사례와 체험을 통해 이야기한다.

모략의 기술

- 장스완 지음
- 인문 / 고전
- 정가 14,000원

중국 역사상 가장 혼란했던 시기에 탄생한 처세의 교과서를 현대에 맞게 재탄생시켰다. 주변의 상태와 형세를 살피고 일을 정확하게 파악하는 기술, 재능 있는 인재를 올바르게 등용하는 방법 등 우리들에게 꼭 필요한 조언들로 가득하다.

상처를 넘어설 용기

- 나영채 지음
- 심리 / 에세이
- 정가 14,000원

심리상담 전문가인 저자는 자신의 경험과 여러 상담 사례를 통해 독자들에게 끌어가는 삶을 살 것인지 끌려가는 삶을 살 것인지를 묻는다. 더불어 과거와 이별하면 현재가 보이며 그렇게 됐을 때 앞으로의 삶을 주도적으로 살 수 있게 된다고 주장한다.

공인의 품격

- 김종성 지음
- 인문 / 사회
- 정가 15,000원

사회 지도층의 도덕적 의무를 뜻하는 노블레스 오블리주의 연원과 의미를 재조명하였다. 이 책은 그리스, 로마뿐만 아니라 세계 각지의 역사에서 노블레스 오블리주 사례를 살펴보고 있다. 한국출판문화산업진흥원이 선정한 이달의 읽을 만한 책이다.

악당의 성공법

- 루이스 페란테 지음
- 김현정 옮김
- 자기계발 / 경영·경제
- 정가 14,500원

〈비즈니스위크〉등 유력 경제지들은 저자를 '마피아 경영 구루(Guru; 스승, 대가)'란 말로 표현한다. 저자는 마피아 세계와 비즈니스 조직, 그리고 역사적 사실을 겹쳐놓으며 기업에서도 통하는 성공의 법칙이 담긴 교훈을 말한다.

신화로 읽는 심리학

- 리스 그린, 줄리엣 샤만버크 지음
- 서경의 옮김
- 심리 / 인문
- 정가 15,000원

그리스·로마 신화부터 히브리, 이집트, 켈트족, 북유럽 신화 등 총 51가지 신화를 소개한다. 인간의 성장 과정에 맞춰 내용을 구성하였고, 어려운 심리학 용어 없이도 마음의 문제를 쉽게 극복할 수 있도록 돕는다.

망할 때 깨닫는 것들

- 유주현 지음
- 경제경영 / 창업
- 정가 13,500원

사업 실패 경험이 있는 저자가 알려주는 '창업 정글에서 살아남는 법'에 관한 이야기다. 창업자, 창업 준비자들에게 삭막한 현실을 독설 형태로 풀어 썼다. 현재 실적보다 미래 생존이 중요하다는 뼈아픈 조언이 담겼다.

증광현문의 지혜

- 한주서가 엮음
- 자기계발 / 처세
- 정가 15,000원

증광현문은 《명심보감》, 《채근담》과 함께 동양의 3대 격언집으로 꼽히는 책으로 명나라 때부터 중국에서 필독서로 읽혀 왔다. 이 책은 증광현문에서 가려 뽑은 365가지 구절과 함께 다양한 이야기로 특별한 깨달음을 준다.